# Business Chinese 500

# 外贸洽谈五百句

北京语言学院
北京对外贸易学院 编

Complied by
Beijing Language Institute &
Beijing Institute of Foreign Trade

## SINOLINGUA

### BEIJING

华语教学出版社

北　京

| First Edition | 1982 |
| Second Edition | 1987 |
| Third Edition | 1989 |
| Fourth Edition | 1997 |

ISBN 7-80052-020-X

Copyright 1997 by Sinolingua

Published by Sinolingua

24 Baiwanzhuang Road, Beijing 100037, China

Printed by Beijing Foreign Languages Printing House

Distributed by China International

Book Trading Corporation

35 Chegongzhuang Xilu, P.O. Box 399

Beijing 100044, China

*Printed in the People's Republic of China*

# 说　明

《外贸洽谈五百句》是为外国人编写的语言教材，可供具有初等汉语水平的人使用。

本书着重培养外国人在对华贸易业务中的口头表达能力。

全书共分二十课，每课由二十五个句子、替换练习、会话练习、生词、词语注释五部分组成。

课的顺序按照外贸洽谈的一般程序编排，内容围绕洽谈业务的主要环节。为适应不同的洽谈对象和内容，每课还配有替换练习和会话练习。对会话练习中的一些汉语常用表达方式和虚词作了简要的注释。

全书共出有五百个外贸常用句子和一千多专业常用词语。熟练掌握这些句子和词汇，可初步具有用汉语进行外贸洽谈的能力。

考虑到自学的方便，句子和生词均有汉语拼音和英文翻译，词语注释也全部用英文译出。

本书是由北京语言学院和北京对外贸易学院联合编写的。参加本书编写的有北京语言学院的张鹏鹏、徐鲁民、马欣华、孙伯芬；北京对外贸易学院的诸葛霖、田小平、胡丽鹃。

在编写过程中，我们得到了中国仪器进出口总公司王秉鑫同志和在华工作的英国专家凯赛琳·沃尔什（Catherine Walsh）女士的大力协助，在此表示感谢。

编　者

# FOREWORD

*Business Chinese 500* is a course designed for foreigners who have progressed beyond the elementary level in their study of Chinese.

This course is designed to increase foreigners' ability to express themselves orally in their business talks with their Chinese counterparts.

The course is composed of twenty lessons; each lesson consists of 25 sentences, substitution drills, short dialogues, new words and notes.

The order of the lesson is arranged according to the general procedure in business negotiations, and the contents centre on the key links of such negotiations. We supply, in each lesson, substitution drills and short dialogues to suit different purposes in different situations, and brief notes are also provided on the common Chinese expressions and function words used in the dialogues.

The course contains 500 basic sentences and over 1,000 useful words and expressions for special purposes. When you have thoroughly mastered these words and expressions, you will be able to conduct preliminary business talks in Chinese.

For the convenience of those who study independently, we have put the basic sentences and new words into both the Chinese phonetic alphabets and English. All the notes have been translated into English as well.

This book has been compiled jointly by the Beijing Language Institute and the Beijing Institute of Foreign Trade. The compilers are Zhang Pengpeng, Xu Lumin, Ma Xinhua, Sun Bofen of the Beijing Language Institute and Zhuge Lin, Tian Xiaoping, Hu Lijuan of the Beijing Institute of Foreign Trade.

We would like to take this opportunity to express our thanks to Wang Bingxin of China National Instruments Import & Export Corporation and Catherine Walsh, an English expert working in the Beijing Institute of Foreign Trade, for their valuable help and advice.

The Compilers

# 目　录
## CONTENTS

# 第 一 课

## 会 见
### The First Meeting

## 一、句子

1. 请问，哪一位是从巴黎来的皮埃尔先生?
   Qǐng wèn, nǎ yí wèi shì cóng Bālí lái de Pí'āiěr xiānsheng?
   Excuse me, are you Mr. Pierre from Paris?

2. 我就是。
   Wǒ jiù shì.
   Yes, I am.

3. 我在中国机械进出口总公司工作。
   Wǒ zài Zhōngguó Jīxiè Jìnchūkǒu Zǒnggōngsī gōngzuò.
   I work in the China National Machinery Import and Export Corporation.

4. 您贵姓?
   Nín guìxìng?
   What's your name, please?

5. 我姓张。
   Wǒ xìng Zhāng.
   My name is Zhang.

6. 您一路上还好吧？
   Nín yílùshang hái hǎo ba?
   Did you have a good journey?

7. 还可以。
   Hái kěyi.
   Not too bad, thank you.

8. 今天您先休息休息，业务的事咱们明天再谈。
   Jīntiān nín xiān xiūxi xiūxi, yèwù de shì zánmen míngtiān zài tán.
   You may take a rest today and we'll talk about our business tomorrow.

9. 好的。
   Hǎode.
   Fine.

10. 您是从美国来的史密斯先生吧？
    Nín shì cóng Měiguó lái de Shǐmìsī xiānsheng ba?
    Aren't you Mr. Smith from the United States?

11. 是的。
    Shìde.
    Yes, I am.

12. 我们能定个时间谈谈吗？
    Wǒmen néng dìng ge shíjiān tántan ma?
    Shall we fix a time for a talk?

13. 可以。
    Kěyi.
    All right.

14. 我是中国纺织品进出口总公司的业务员。
    Wǒ shì Zhōngguó Fǎngzhīpǐn Jìnchūkǒu Zǒnggōngsī de yèwùyuán.
    I'm a manager of the China National Textiles Import and Export Corporation.

15. 公司委托我和你们具体洽谈业务。
Gōngsī wěituō wǒ hé nǐmen jùtǐ qiàtán yèwù.
I have been assigned to negotiate business with you.

16. 我先给您介绍一下，这位是怀特先生。
Wǒ xiān gěi nín jièshào yíxià, zhè wèi shì Huáitè xiānsheng.
Let me introduce you.　This is Mr. White.

17. 欢迎你们来到中国。
Huānyíng nǐmen láidào Zhōngguó.
Welcome to China.

18. 昨天打电话的是您吗?
Zuótiān dǎ diànhuà de shì nín ma?
Weren't you on the phone to me yesterday?

19. 对，是我。
Duì shì wǒ.
Yes, I was.

20. 认识您非常高兴。
Rènshi nín fēicháng gāoxìng.
I'm very glad to meet you.

21. 今天能见到您非常荣幸。
Jīntiān néng jiàndào nín fēicháng róngxìng.
It's a great pleasure to meet you today.

22. 我们对您非常熟悉。
Wǒmen duì nín fēicháng shúxi.
We've heard a lot about you.

23. 怎么和您联系?
Zěnme hé nín liánxì?
How shall I get in touch with you?

24. 我住白云宾馆二零八（208）房间，有事给我打电话
好了。

Wǒ zhù Báiyún Bīnguǎn èr-líng-bā (208) fángjiān,
yǒu shì gěi wǒ dǎ diànhuà hǎole.

I'm in Rm. 208 at the Baiyun Guest Hotel. If
you need anything, just give me a call.

25. 这是我的名片。

Zhè shì wǒde míngpiàn.

Here is my card.

## 二、替换练习

1. 请问，哪一位是从巴黎来的皮埃尔先生？

| 哪位， | 东京， | 伊藤 |
|--------|--------|--------|
| 谁， | 纽约， | 史密斯 |

2. 我就是。

| 那位 |
|------|
| 这位 |
| 他 |

3. 我在中国机械进出口总公司工作。

| 中国仪器进出口总公司 |
|----------------------|
| 中国化工进出口总公司 |
| 中国工艺品进出口总公司 |

4

4. 我姓<u>张</u>。

| | |
|---|---|
| 王 | 李 |
| 赵 | 周 |
| 马 | 刘 |

5. 今天您先休息休息，业务的事咱们<u>明天</u>再谈。

| |
|---|
| 过几天 |
| 以后 |
| 后天 |

6. 您是从<u>美国</u>来的<u>史密斯</u>先生吧？

| | |
|---|---|
| 法国， | 皮埃尔 |
| 日本， | 伊藤 |
| 英国， | 希思 |

7. 我是<u>中国纺织品进出口总公司</u>的<u>业务员</u>。

| | |
|---|---|
| 中国粮油食品进出口总公司， | 经理 |
| 北京市工艺品分公司， | 业务员 |
| 日本___公司， | 职员 |

8. 我先给您介绍一下，<u>这位</u>是<u>怀特</u>先生。

| | |
|---|---|
| 那位， | 琼斯 |
| 他， | 王 |

5

9. 欢迎你们来到<u>中国</u>。

| 北京 | 天津 |
|------|------|
| 上海 | 青岛 |
| 广州 | 南京 |

10. 我住<u>白云宾馆</u>二零八（<u>208</u>）房间，有事给我打
电话好了。

| 北京饭店， | 三五一（351） |
|------------|---------------|
| 国际饭店， | 五一二（512） |
| 天津宾馆， | 四三五（435） |

# 三、会话

## （一）

A：请问，哪一位是从巴黎来的皮埃尔先生？

B：我就是。

A：我在中国机械进出口总公司工作。公司委派我们来机
场接您。

B：谢谢，您贵姓？

A：我姓张。您一路上还好吧？

B：还可以。只是有点儿累，不过没什么关系。

A：汽车停在门口，我们先送您去北京饭店，房间已经给
您订好了。

B：好，谢谢。

A：今天您先休息休息，业务的事咱们明天再谈。

B：好的。我第一次来中国，情况不太了解，还请张先生
多多关照。

A：这好说，咱们走吧。

6

## （二）

A：您好！

B：您好！您是从美国来的史密斯先生吧？

A：是的①。

B：我是中国纺织品进出口总公司的业务员，公司委托我和你们具体洽谈业务。

A：噢。请坐请坐，请喝茶。您贵姓②？

B：我姓王，叫王利民。

A：王先生，我先给您介绍一下，这位是怀特先生，这位是琼斯先生，他们都是我们公司的职员。这次是和我一起来中国洽谈业务的。

B：欢迎你们来到中国。

A：谢谢。

## （三）

A：您是伊藤先生吧？

B：是的。您是？……

A：我在外贸部工作。

B：您贵姓？

A：我姓李，叫李玉田。

B：昨天打电话的是您吗？

A：对，是我。

B：认识您非常高兴。这位是？……

A：我给您介绍一下，这位是中国仪器进出口总公司的王先生。他将和你们具体洽谈有关业务。

B：王先生，认识您非常高兴。

## （四）

A：您好，我是伊藤雅志，是日本＿＿电器公司的代表。这是我的名片。

B：伊藤先生，见到您很高兴。我是张爱国。

A：张先生，您的名字我们早就听说过，只是没有机会见面。今天能见到您，非常荣幸。

B：伊藤先生，我们对您也非常熟悉。我们之间开展业务已经多年了，希望这次我们能更好地合作。

A：这也是我们的愿望。

## （五）

A：您好，希思先生。

B：您好，在交易会上见到您非常高兴。

A：早就听说你们要来，想不到今天在这儿见到你们了。

B：王先生，我正③要找您。

A：您找我有事吗？

B：我们能定个时间谈谈吗？

A：可以④。不过现在不行。这样吧，下午我去找您。

B：也好⑤。

A：您住在哪个宾馆？

B：白云宾馆。

A：怎么和您联系？

B：我住二零八（208）房间。这是我的名片，有事给我打电话好了。

## 四、生词

1. 会见　（动）　huìjiàn　　meet
2. 巴黎　（专名）Bālí　　Paris

8

3. 皮埃尔 （专名）Pí'āiěr　　　Pierre

4. 中国机械进出口总公司（专名）
Zhōngguó Jīxiè Jìnchūkǒu Zǒnggōngsī
China National Machinery Import and Export Corporation

5. 业务 　（名）　yèwù　　　business
6. 美国 　（专名）　Měiguó　　the United States of
America
7. 史密斯（专名）　Shǐmìsī　　Smith

8. 中国纺织品进出口总公司（专名）
Zhōngguó Fǎngzhīpǐn Jìnchūkǒu Zǒnggōngsī
China National Textiles Import and Export Corporation

9. 业务员 　（名）　yèwùyuán　manager
10. 公司 　　（名）　gōngsī　　corporation, company
11. 委托 　　（动）　wěituō　　entrust, assign
12. 具体 　　（形）　jùtǐ　　　specific
13. 洽谈 　　（动）　qiàtán　　negotiate
14. 怀特 　　（专名）Huáitè　　White

15. 荣幸 　　（形）　róngxìng　pleasure
16. 熟悉 　　（动）　shúxi　　know well, be familiar with
17. 联系 　　（动）　liánxì　　get in touch with, contact

18. 白云宾馆（专名）Báiyún Bīnguǎn    Baiyun Hotel

19. 名片　（名）mingpiàn    card

20. 东京　（专名）Dōngjīng    Tokyo

21. 纽约　（专名）Niǔyuē    New York

22. 伊藤　（专名）Yīténg    Ito

23. 中国仪器进出口总公司（专名）
Zhōngguó Yíqì jìnchūkǒu Zǒnggōngsī
China National Instruments Import and Export
Corporation

24. 中国化工进出口总公司（专名）
Zhōngguó Huàngōng Jìnchūkǒu Zǒnggōngsī
China National Chemicals Import and Export
Corporation

25. 中国工艺品进出口总公司（专名）
Zhōngguó Gōngyìpǐn Jìnchūkǒu Zǒnggōngsī
China National Arts and Crafts Import and Export
Corporation

26. 法国　（专名）Fǎguó    France

27. 日本　（专名）Rìběn    Japan

28. 英国　（专名）Yīnguó    England

29. 希思　（专名）Xīsī    Heath

30. 中国粮油食品进出口总公司（专名）
Zhōngguó Liányóu Shípǐn Jìnchūkǒu Zǒnggōngsī
China National Cereals, Oils and Foodstuffs Import
and Export Corporation

31. 北京市工艺品分公司（专名）
Běijīngshì Gōngyìpǐn Fēngōngsī
China National Arts and Crafts Import and Export
Corp., Beijing Branch.

| | | | |
|---|---|---|---|
| 32. 经理 | （名） | jīnglǐ | managing director |
| 33. 职员 | （名） | zhíyuán | staff member |
| 34. 琼斯 | （专名） | Qióngsī | Jones |
| 35. 北京 | （专名） | Běijīng | Beijing（Peking） |
| 36. 上海 | （专名） | Shànghǎi | Shanghai |
| 37. 广州 | （专名） | Guǎng-zhōu | Guangzhou（Canton） |
| 38. 天津 | （专名） | Tiānjīn | Tianjin（Tientsin） |
| 39. 青岛 | （专名） | Qīngdǎo | Qingdao（Tsingtao） |
| 40. 南京 | （专名） | Nánjīng | Nanjing（Nanking） |
| 41. 北京饭店 | （专名） | Běijīng Fàndiàn | Beijing Hotel |
| 42. 国际饭店 | （专名） | Guójì Fàndiàn | International Hotel |
| 43. 天津宾馆 | （专名） | Tiānjīn Bīnguǎn | Tianjin Hotel |
| 44. 委派 | （动） | wěipài | assign |
| 45. 订 | （动） | dìng | book, fix |
| 46. 关照 | （动） | guānzhào | look after, take care of |
| 47. 外贸部 | （专名） | Wàimàobù | Ministry of Foreign Trade |
| 48. 伊藤雅志 | （专名） | Yīténg-yǎzhì | Ito Masashi |
| 49. 电器 | （名） | diànqì | electrical equipment |
| 50. 开展 | （动） | kāizhǎn | develop |
| 51. 合作 | （动） | hézuò | cooperate |

52. 愿望　（名）　yuànwàng　wish
53. 交易会　（名）　jiāoyìhuì　trade fair
54. 宾馆　（名）　bīnguǎn　hotel, guest house
55. 愉快　（形）　yúkuài　pleasant

## 五、注释

### 1. 是的

回答对方的介绍或询问，表示肯定的应答方式，口语中常用"是的"、"对"、"不错"等。

"是的"，"对" or "不错" is frequently used in spoken Chinese to express an affirmative answer to an introduction or an enquiry.

### 2. 您贵姓

在称呼与对方有关的事物，表示尊敬时，常用敬辞"贵"。如：贵姓、贵国、贵公司、贵方。

The polite word "贵" is used as a show of respect to address things relative to the other party. For example: 贵姓、贵国、贵公司、贵方。

询问对方姓名时，习惯上常说"您贵姓？""您姓什么？" "您叫什么？""怎样称呼您？"等。

"您贵姓？"，"您姓什么？"，"您叫什么？"，"怎样称呼您？" etc. are expressions for asking another's name.

### 3. 正

表示"巧合"，"恰好"，"刚好"，可在动词或形容词前加副词"正"。如：

The adverb "正" can be placed before a verb or an adjective to express the meaning 'by chance', 'just' or 'to be about to'. For example:

（1）您来啦！我正要找您。

Oh, you have come. I was about to go and look for you.

（2）这件衣服，大小正好。

This shirt suits me fine.

### 4. 可以

表示允诺，口语可用"行"、"好"、"可以"、"就这样"等。

"行"，"好"，"可以" or "就这样" can be used in spoken Chinese to express agreement or permission.

### 5. 也好

在表示容忍、让步或追于情况只得如此时，常在句首单用"也好"、"也罢"。如：

"也好" or "也罢" can stand independently in front of a sentence to express toleration, resignation or the idea that one is forced to do something by circumstances. For example:

也好，就这样定吧。

All right. That's settled.

### 6. 中国人的姓名

中国人的姓，有单姓和复姓之分，如：张、王、李、赵和司徒、欧阳、上官、诸葛等。中国人的姓放在名的前边。名字有单名也有双名。如：张汉英，即 姓张名汉英，李林，即姓李名林。

## Chinese Surnames and Personal Names

Chinese surnames are placed before the personal names. The surnames are classified into one-character surnames and more rarely two-character surnames (such as 张，王，李，赵 and 司徒，欧阳，上官，诸葛）。Personal names may also consist of one or two characters. For example，in the name 张汉英，张 is the surname and 汉英 is the personal name, while in 李林，李 is the surname and 林 is the personal name.

## 7.北京电话号码

北京的电话号码由 8 位数字组成。前 4 位数字表示地区号（即所在地电话分局编号）。电话号码的读法是只念数字。如： 68417523 读作"六八四一七五二三"。口语中为避免与"七"（7）的发音混淆，"一"（1）也常读作"幺"(yāo)。

Telephone Numbers in Beijing

Telephone numbers in Beijing consist of eight digits. The first four show the district (that is the number of the telephone office).The number should be read as follows: 68417523 as "六八四一七五二三". In spoken Chinese, the number "one" (yī) is generally pronounced "幺" (yāo) to distinguish it from "seven" (qi).

# 第 二 课
## 宴　请
### At the Dinner Table

## 一、句子

1. 如果有机会，我们想见一见你们经理。
   Rúguǒ yǒu jīhui, wǒmen xiǎng jiàn-yíjiàn nǐmen jīnglǐ.
   If there is an opportunity, we'd like to see your manager.

2. 我们经理想和你们见见面。
   Wǒmen jīnglǐ xiǎng hé nǐmen jiànjian miàn.
   Our manager would like to meet you.

3. 今晚我们经理想请你们去北京烤鸭店吃饭。
   Jīnwǎn wǒmen jīnglǐ xiǎng qǐng nǐmen qù Běijīng Kǎoyādiàn chīfàn.
   Our manager would like to invite you to dinner this evening at the Beijing Roast Duck Restaurant.

4. 今晚我们在北京饭店请客，请各位光临。
   Jīnwǎn wǒmen zài Běijīng Fàndiàn qǐngkè, qǐng gè wèi guānglín.
   We are going to hold a dinner party at the Beijing Hotel this evening and would like to invite you all.

15

5. 如果方便的话，请您转告经理一下，请他光临。

Rúguǒ fāngbiàn dehuà, qǐng nín zhuǎngào jīnglǐ yíxià, qǐng tā guānglín.

Would you please tell your manager that if it's convenient, he is welcome to attend.

6. 如果您有时间的话，请光临。

Rúguǒ nín yǒu shíjiān dehuà, qǐng guānglín.

If you are free, please come and join us.

7. 这是给你们的请帖。

Zhè shì gěi nǐmen de qǐngtiě.

Here is your invitation card.

8. 晚上六点，我们在饭店门口等你们。

Wǎnshang liùdiǎn, wǒmen zài fàndiàn ménkǒu děng nǐmen.

We'll meet you at the gate of the hotel at six this evening.

9. 谢谢您的邀请。

Xièxie nín de yāoqǐng.

Thank you for your invitation.

10. 如果有空儿，我一定去。

Rúguǒ yǒu kòngr, wǒ yídìng qù.

I'll certainly come if I have time.

11. 餐厅服务台吗？

Cāntīng fúwùtái ma?

Is this the service counter of the restaurant?

12. 请预订一桌八个人的酒席。

Qǐng yùdìng yì zhuō bā gè rén de jiǔxí.

Can I reserve a table for eight?

13. 你们要中餐还是西餐？

Nǐmen yào zhōngcān háishi xīcān?

Would you like Chinese or Western food?

14. 我们要中餐，每人十块钱。

Wǒmen yào zhōngcān, měi rén shí kuài qián.

We'd like to have Chinese food and pay ten yuan a head.

15. 欢迎您光临，请入席。

Huānyíng nín guānglín, qǐng rùxí.

Welcome. Please sit down.

16. 你们专门为我们准备了这么丰盛的宴席，十分感谢。

Nimen zhuānmén wèi wǒmen zhǔnbèile zhème fēng-shèng de yànxí, shífēn gǎnxiè.

Thank you very much for preparing such a splen-did dinner specially for us.

17. 这是四川名菜，请大家不必客气。

Zhè shì Sìchuān míngcài, qǐng dàjiā búbì kèqi.

This food is a Sichuan speciality. Please help yourself.

18. 大家趁热吃，别客气。

Dàjiā chènrè chī, bié kèqi.

Make yourself at home and eat it while it's hot.

19. 请问，您一向做什么生意?

Qǐngwèn, nín yíxiàng zuò shénme shēngyi?

May I ask, what line are you in?

20. 主要经营中国工艺品。

Zhǔyào jīngyíng Zhōngguó gōngyìpǐn.

I mainly deal in Chinese arts and crafts.

21. 具体业务您可以和主管这项业务的王先生洽谈。

Jùtǐ yèwù nín kěyǐ hé zhǔguǎn zhè xiàng yèwù de Wáng xiānsheng qiàtán.

You can talk the business over with Mr. Wang who is in charge of this line.

17

22. 洽谈中请您多多关照。

Qiàtán zhōng qǐng nín duōduō guānzhào.

We'd appreciate your kind assistance in the coming negotiations.

23. 希望我们能很好地合作。

Xīwàng wǒmen néng hěn hǎo de hézuò.

Let's hope for good cooperation between us.

24. 祝大家生意兴隆，买卖越做越好！

Zhù dàjiā shēngyi xīnglóng, mǎimai yuè zuò yuè hǎo!

I wish you all brisk business and continued development in our business dealings!

25. 为您的健康干杯！

Wèi nín de jiànkāng gānbēi!

Your health!

## 二、替换练习

1. 我们经理和你们<u>见见面</u>。

| 见一下面 |
|---|
| 认识一下 |
| 谈一谈 |

2. <u>今晚</u>我们在<u>北京饭店</u>请客，请<u>各位</u>光临。

| 晚上六点， | 北京烤鸭店， | 你们 |
|---|---|---|
| 明天晚上， | 和平饭店， | 您 |
| 明天下午， | 新侨饭店， | 张经理 |

18

3. 如果您有时间的话，请光临。

> 有空儿
> 有可能
> 不忙

4. 这是给你们的请帖。

> 你们公司
> 王先生
> 您

5. 你们要中餐还是西餐？

| 四川菜， | 广东菜 |
| 广东菜， | 山东菜 |
| 山东菜， | 四川菜 |

6. 我们要中餐，每人十块钱。

| 西餐， | 三十 |
| 广东风味儿 | 二十 |
| 法国菜， | 四十 |

7. 这是四川名菜，请大家不必客气。

| 四川风味儿 |
| 北京烤鸭 |
| 广东名菜 |

8. 具体业务您可以和主管这项业务的<u>王先生</u>洽谈。

> 张经理
> 李先生
> 伊藤先生

9. 洽谈中请<u>您多多关照</u>。

> 各位，　　照顾
> 王先生，　帮忙
> 张经理，　关心

10. 为<u>您</u>的健康干杯！

> 总经理
> 副总经理
> 朋友们

## 三、会话

### （一）

A：喂，餐厅服务台吗？

B：是，您有什么事？

A：我是二零八（208）房间的希思，请预订一桌酒席。今晚七点半我请客。

B：几位？

A：八位。

B：中餐还是西餐？

A: 中餐，要风味儿菜，每人十块钱。

B: 好。

## （二）

A: 王先生，今晚我们在北京饭店请客。如果你们有时间的话①，请光临。

B: 谢谢，如果有空儿，我一定去。

A: 如果方便的话，请您转告你们张经理一下，请他光临。我们很想见一见他。这是给你们的请帖。

B: 好的，我一定转告。

A: 晚上六点，我们在饭店门口等你们。晚上见！

B: 晚上见！

## （三）

A: 伊藤先生，我们经理想和你们见见面。今晚他请你们去北京烤鸭店吃饭，请各位光临。

B: 谢谢张经理的邀请。

A: 那我们晚上七点到饭店来接你们。

B: 就这样吧。晚上见！

A: 好，晚上见！

## （四）

A: 欢迎张经理光临，请入席。

B: 谢谢。

A: 这是四川名菜，不知是否可口，请大家不必客气。

B: 请问，史密斯先生一向做什么生意？

A: 主要经营中国工艺品。

B：生意不错吧？

A：还可以。

B：这次来，您想做些什么生意呢？

A：想做些瓷器生意，这要请张经理多多帮忙喽。

B：这好说②，具体业务您可以和主管这项业务的王先生洽谈。

A：洽谈中，还请张经理多多关照③。

B：希望我们能很好地合作。

## （五）

A：伊藤先生，欢迎您来中国洽谈生意。

B：见到您很高兴④。张经理今天专门为我们准备了这么丰盛的宴席，十分感谢。

A：哪里，哪里⑤！请这边坐。伊藤先生是第一次来中国吗？

B：不是，是第四次了。前几次，去的是广州，参加广交会，这次我直接来北京了。

A：这么说，咱们是老朋友喽！昨天因为忙，没能去机场接你们，请原谅⑥。

B：没关系。

A：祝大家生意兴隆，买卖越作越好！

B：为张经理的健康干杯！

A：为朋友们的健康干杯！大家趁热吃，别客气。

## 四、生词

1. 宴请　　（动）　yànqǐng　　entertain

2. 北京烤鸭店　　　Běijīng　　Beijing Roast Duck
　　　　（专名）　Kǎoyādiàn　Restaurant

3. 请客　　（动）　qǐngkè　　invite sb. to dinner

| 4. | 光临 | （动） | guānglín | be present |
|---|---|---|---|---|
| 5. | 转告 | （动） | zhuǎn'gào | pass on (to), tell |
| 6. | 请帖 | （名） | qǐngtiě | invitation card |
| 7. | 邀请 | （动） | yāoqǐng | invite |
| 8. | 餐厅 | （名） | cāntīng | dining hall, restaurant |
| 9. | 服务台 | （名） | fúwùtái | service desk |
| 10. | 预订 | （动） | yùdìng | reserve, book |
| 11. | 酒席 | （名） | jiǔxí | feast |
| 12. | 中餐 | （名） | zhōngcān | Chinese food |
| 13. | 西餐 | （名） | xīcān | Western food |
| 14. | 入席 | （动） | rùxí | take one's seat at a banquet |
| 15. | 专门 | （形） | zhuānmén | special |
| 16. | 丰盛 | （形） | fēngshèng | rich, splendid |
| 17. | 宴席 | （名） | yànxí | banquet |
| 18. | 四川 | （专名） | Sìchuān | Siehuan |
| 19. | 名菜 | （名） | míngcài | speciality |
| 20. | 一向 | （副） | yíxiàng | all along |
| 21. | 生意 | （名） | shēngyi | business |
| 22. | 经营 | （动） | jīngyíng | handle, deal in |
| 23. | 工艺品 | （名） | gōngyìpǐn | arts and crafts |
| 24. | 主管 | （动） | zhǔguǎn | be responsible for, be in charge of |
| 25. | 兴隆 | （形） | xīnglóng | brisk |
| 26. | 买卖 | （名） | mǎimai | business |
| 27. | 干杯 | （动） | gānbēi | drink a toast |
| 28. | 认识 | （动） | rènshi | know |

| 29. | 和平饭店（专名） | Hépíng Fàndiàn | Peace Hotel |
|---|---|---|---|
| 30. | 新侨饭店（专名） | Xīnqiáo Fàndiàn | Xinqiao Hotel |
| 31. | 有空儿 | yǒu kòngr | have time, be free |
| 32. | 四川菜 | Sìchuāncài | Sichuan food |
| 33. | 广东菜 | Guǎng-dōngcài | Guangdong food |
| 34. | 山东菜 | Shān-dōngcài | Shandong food |
| 35. | 广东 （专名） | Guǎng-dōng | Guangdong |
| 36. | 法国菜 | Fǎguócài | French food |
| 37. | 风味儿 （名） | fēngwèir | local-style |
| 38. | 照顾 （动） | zhàogù | take care of |
| 39. | 帮忙 （动） | bāngmáng | help |
| 40. | 总经理 （名） | zǒngjīnglǐ | managing director |
| 41. | 副总经理（名） | fùzǒng-jīnglǐ | vice-managing director |
| 42. | 风味儿菜（名） | fēngwèircài | local dish |
| 43. | 据说 | jù shuō | it is said |
| 44. | 是否 | shì fǒu | whether, if |
| 45. | 可口 （形） | kěkǒu | tasty |
| 46. | 瓷器 （名） | cíqì | porcelain |
| 47. | 广交会（专名） | Guǎng-jiāohuì | Chinese Export Commodities Fair |
| 48. | 原谅 （动） | yuánliàng | forgive, excuse |

## 五、注释

### 1.（如果）…的话

表示假设，口语中常在表示假设的小句末尾用"的话"。如：

In spoken Chinese, "的话" is very often used at the end of a suppositional clause. For example:

（1）明天没事的话，我一定去。

I'll go if I have time tomorrow.

可跟"如果、假如、要是"等连词合用。表示假设的小句有时可以在后。如：

"的话" can be used together with the conjunctions "如果"，"假如" or "要是" in a suppositional clause which can either be placed in front of or after the main clause. For example.

（2）假如临时有事的话，可以打个电话来。

If anything happens unexpectedly, you may ring me up.

（3）今天该到了，要是他昨天动身的话。

He would have arrived there today, if he had left yesterday.

承接上文，可以将"的话"直接用在表示相反条件的连词"否则、不然、要不然、要不"或副词"不"之后，构成一个假设小句。如：

"的话" can also be placed right after a conjunction indicating an opposite condition such as "否则"，"不然"，"要不然"，"要不"，or after the adverb "不" to form a suppositional clause. For example:

（4）必须进一步调查了解,不然的话,情况无法核实。

Further investigation must be made, otherwise things cannot be verified.

（5）他同意当然好,不的话,就得另找人。

It will be fine if he agrees, otherwise we have to find someone else instead.

## 2. 这好说

同意给予对方一定的照顾和提供便利时,口语常用"这好说","这好商量","这是应该的","不必客气"等。反之,则常用"这很难办","这很难说","这得商量商量","实在爱莫能助"等表示推脱、婉拒。

If a consideration or favor is to be given, "这好说","这好商量","这是应该的","不必客气", etc. are frequently used in spoken Chinese. Otherwise, "这很难办","这很难说","这得商量商量","实在爱莫能助", etc. are often said to express refusal in a polite way.

## 3. 多多关照

要求对方谅解并给予一定的照顾或提供方便,口语常用"多多关照","多多照应","多多照顾","请多帮忙"等。如:

In spoken Chinese, "多多关照","多多照应","多多照顾","请多帮忙", are normally used to indicate a request for consideration or assistance. For example:

（1）我初来此地,各方面还请多多关照。

It's the first time I have been here. I hope you will give me your kind assistance.

26

（2） 我走后，公司的事就拜托您了，请多关照。

When I'm gone, I hope you will look after the
work in the company.

## 4. 见到您很高兴

人们初次交往、相见的时候，一方可向被介绍的一方说
"见到您很高兴"，"很高兴见到您"或"认识您很高兴"，
"有幸认识您很高兴"，"见到您很荣幸"等，以示欣悦之
情或仰慕之意。

The expressions "见到您很高兴"，"很高兴见到您"，
"认识您很高兴"，"有幸认识您很高兴"，"见到您很荣
幸" etc. can be used as greetings at the first meeting
or during social discourse to express pleasure in making
someone's acquaintance.

## 5. 哪里哪里

在对方表示感谢或对自己赞扬时，表示谦让，常在答话
里单独使用代词"哪里"或"哪里哪里"。这是一种客气的
说法，表示对方对自己的感谢或赞扬实不敢当。如：

It is polite to use the pronoun "哪里" (sometimes
repeated) independently to express modesty in response
to either gratitude or to a compliment. For example:

——这太麻烦您了。

I have put you to so much trouble.

——哪里，哪里！

No, no trouble at all.

常用的还有"这是应该的"，"这没什么"，"这算不
了什么"，"没关系"等。

"这是应该的"，"这没什么"，"这算不了什么"，or "没关系" is also frequently used to express this meaning.

## 6. 请原谅

作了对不住别人的事，表示道歉，或未能满足对方要求而表示歉意，都可用"请原谅"，"对不起"，"很对不起"，"实在对不起"，"真对不起"，"太对不起了"等。如果对方表示谅解，宽恕,可以说"没关系"，"这没关系"或"这没什么"。

The phrases "请原谅"，"对不起"，"很对不起"，"实在对不起"，"真对不起"，"太对不起了" are useful to express apology if you have done something wrong or cannot satisfy the other party's demands. If understanding or forgiveness is to be expressed, "没关系"，"这没关系" or "这没什么" is a frequently heard retort from the other side.

## 7. 称谓

中国人之间一般互称"同志"。在对外业务中，一般互道职称。如："（张）经理,（王）主任,（李）业务员，（常）翻译,（方）译员"或"某负责同志"等。在一般场合不论男女也可互称"先生"，以示尊敬。

Chinese Forms Of Address

"同志" is a common title among Chinese, but in formal meetings with foreigners, the title of their post is used. For example:（张）经理,（王）主任,（李）业务员,（常）翻译,（方）译员,某负责同志, etc..Usually "先生" can also be used to address either a man or a woman with respect.

# 第 三 课

## 外 贸 政 策
### Foreign Trade Policy

## 一、句子

1. 据说你们正在实施一种新的贸易政策，不知有没有这回事?

   Jùshuō nǐmen zhèngzài shíshī yì zhǒng xīn de màoyì zhèngcè, bù zhī yǒu-méiyǒu zhè huí shì?

   It is said that a new policy is being implemented in your foreign trade. Is that true?

2. 我们的贸易政策是一贯的。

   Wǒmen de màoyì zhèngcè shì yíguàn de.

   We stick to a consistent policy in our foreign trade.

3. 我们坚持平等互利、互通有无的原则。

   Wǒmen jiānchí píngděnghùlì、 hùtōngyǒuwú de yuánzé.

   We insist on the principle of equality and mutual benefit, as well as exchanging needed goods.

4. 你们的一些具体作法比以前灵活多了。

   Nǐmen de yìxiē jùtǐ zuòfǎ bǐ yǐqián línghuó duō le.

   You have adopted a more flexible policy in your work than before.

5. 我们设法消除一些死板的作法，采用国际上通用的贸易方式。

Wǒmen shèfǎ xiāochú yìxiē sǐbǎn de zuòfǎ, cǎiyòng guójìshang tōngyòng de màoyì fāngshì.

We are trying to get rid of over-rigid practices and adopt general international practices.

6. 我们在外贸工作中采取了一些灵活作法。

Wǒmen zài wàimào gōngzuò zhōng cǎiqǔ le yìxiē línghuó zuòfǎ.

We have adopted a flexible policy in our foreign trade work.

7. 你们主要采取了哪些新的作法，能不能给我们简单介绍一下？

Nǐmen zhǔyào cǎiqǔle nǎxiē xīn de zuòfǎ, néngbùnéng gěi wǒmen jiǎndān jièshào yíxià?

Would you give us a brief account of the new practices you have adopted?

8. 我们采用了一些国际上主要的习惯作法。

Wǒmen cǎiyòng le yìxiē guójìshang zhǔyào de xíguàn zuòfǎ.

We have mainly adopted some usual international practices.

9. 我们很想了解这方面的情况，您能具体谈谈吗？

Wǒmen hěn xiǎng liáojiě zhè fāngmiàn de qíngkuàng, nín néng jùtǐ tántan ma?

We would very much like to know about this approach. Could you tell us more about it?

10. 比如说：分期付款，我们现在可以采用了。

Bǐrú shuō: fēnqī fù kuǎn, wǒmen xiànzài kěyǐ cǎiyòng le.

We have, for example, adopted payment by instalments.

11. 我们对你们这种友好的态度感到非常高兴。

Wǒmen duì nimen zhèzhǒng yǒuhǎo de tàidù gǎndào fēicháng gāoxìng.

We're very glad that you have such a friendly attitude.

12. 这样一来，对双方都有利。

Zhèyàng yìlái, duì shuāngfāng dōu yǒu lì.

It'll benefit us both then.

13. 听说贵国开始接受私人或政府间的贷款了，是吗？

Tīngshuō guìguó kāishǐ jiēshòu sīrén huò zhèngfǔ jiān de dàikuǎn le, shì ma?

It is said that you are now beginning to accept both private and government-to-government loans. Is that so?

14. 我们的方针是自力更生为主，但并不排斥利用其他途径积累资金。

Wǒmen de fāngzhēn shì zìlìgēngshēng wéi zhǔ, dàn bìngbù páichì lìyòng qítā tújìng jīlěi zijīn.

Our policy is to rely mainly on our own efforts, but other ways to accumulate funds are also welcome.

15. 我们坚持的原则是，我国进口必须根据我国的支付能力。

Wǒmen jiānchí de yuánzé shì, wǒ guó jìnkǒu bìxū gēnjù wǒ guó de zhīfù nénglì.

The principle that we are insisting on is to consider our ability to pay when importing goods.

16. 你们是不是要求贷款？

Nimen shì-búshì yāoqiú dàikuǎn?

I wonder whether you need a loan?

17. 只要条件合适，我们可以考虑接受政府间贷款或非政府间贷款。

Zhǐyào tiáojiàn héshì, wǒmen kěyǐ kǎolǜ jiē-shòu zhèngfǔ jiān dàikuǎn huò fēi zhèngfǔ jiān dàikuǎn.

We may consider accepting government-to-government or non-government loans only if conditions permit.

18. 如果需要的话，我们愿按最优惠的利率向您提供贷款。

Rúguǒ xūyào de huà, wǒmen yuàn àn zuì yōuhuì de lìlǜ xiàng nín tígòng dàikuǎn.

If there is any need, we'd like to supply you with a loan at the most favourable rate.

19. 你们的进出口贸易有了一些调整，是吗？

Nǐmen de jìnchūkǒu màoyì yǒule yìxiē tiáozhěng, shì ma?

You've made some readjustments in your import and export business, haven't you?

20. 你们是不是不准备继续引进这种设备了？

Nǐmen shì-búshì bù zhǔnbèi jìxù yǐnjìn zhè zhǒng shèbèi le?

I wonder whether you'll go on importing this kind of equipment?

21. 我们在自力更生的基础上，利用外资，引进先进技术的方针是不变的。

Wǒmen zài zìlìgēngshēng de jīchǔshang, lìyòng wàizī, yǐnjìn xiānjìn jìshù de fāngzhēn shì bú biàn de.

The principle of introducing advanced technology with foreign capital on the basis of self-reliance will remain unchanged.

22. 你方如果希望引进一些先进技术和成套设备，我们公司可以尽力。

Nǐfāng rúguǒ xīwàng yǐnjìn yìxiē xiānjìn jìshù hé chéngtào shèbèi, wǒmen gōngsī kěyǐ jìnlì.

If you hope to introduce some advanced technology and complete plants, we'd like to offer you our help.

23. 我们公司愿为贵国的经济建设尽一些力量。

Wǒmen gōngsī yuàn wèi guìguó de jīngjì jiànshè jìn yìxiē lìliàng.

Our corporation is willing to help in your country's economic development.

24. 你们仍然坚持自己的价格吗？

Nǐmen réngrán jiānchí zìjǐ de jiàgé ma?

Do you still insist on your price?

25. 我们是根据世界市场的行情来调整价格的。

Wǒmen shì gēnjù shìjiè shìchǎng de hángqíng lái tiáozhěng jiàgé de.

We readjust our price according to the international market.


## 二、替换练习

1. 据说你们正在实施一种新的贸易政策，不知有没有这回事？

| 外贸 |
| 进口 |
| 出口 |

2. 比如说：分期付款，我们现在可以采用了。

| | |
|---|---|
| 来料加工 | 补偿贸易 |
| 合资经营 | 来样定制 |

3. 这样一来，对双方都有利。

我们之间的贸易会有一个较大的发展
我们之间的贸易额会继续增长
你们的外贸工作真是大大前进了一步

4. 听说贵国开始接受私人贷款了，是吗？

政府间贷款
美国银行的贷款
法国银行的贷款

5. 我们坚持的原则是，我国进口必须根据我国的支付能力。

平等互利，互通有无
以自力更生为主

6. 只要条件合适，我们可以考虑接受政府间贷款。

合理，私人贷款
优惠，你们的贷款

7. 你们的<u>进出口贸易</u>有了<u>一些</u>调整，是吗？

> 外贸政策，变化
> 对外贸易，调整

8. 你们是不是不准备<u>继续引进</u>了？

> 利用外资
> 合资经营
> 接受贷款

9. 你方如果希望<u>引进一些</u>先进技术，我们公司可以尽力。

> 开展合资经营业务
> 引进成套设备
> 进口特殊规格的机器

10. 我们是根据国际市场的行情来调整价格的。

> 欧洲市场
> 美洲市场

## 三、会话

### （一）

A：据说你们正在实施一种新的贸易政策，不知有没有这回事？

B：我们的贸易政策是一贯的。我们正在总结以往的经验教训，设法消除一些死板的作法，采用国际上通用的贸易方式。

A：这样，以后我们之间进行贸易就方便多了。

B：我们希望贵公司能和我们真诚合作。

## （二）

A：王先生，你们公司最近在外贸业务中采取了更加灵活的作法，业务一定很忙吧？

B：是的。

A：你们主要采取了哪些新的作法呀①？能不能给我们简单介绍一下？

B：比如说②：分期付款、来样定制、来料加工、合资经营、补偿贸易等，我们现在都可以采用了。

A：噢，那太好了③！你们的这些具体作法比以前灵活多了。我们相信，这样一来，我们之间的贸易会有一个较大的发展。

## （三）

A：听说④贵国开始接受私人或政府间的贷款了，是吗？

B：是的。我国还是个发展中国家，要搞四个现代化是需要资金的。我们这样做，是要寻找更多的途径来为国家建设筹备资金。

A：我们商界的朋友，能有机会和中国进行各种形式的合作，都是非常高兴的。

B：我们也相信各国商界的朋友们能够和我们进行真诚的合作。我们的方针是需要外援，但不依赖外援。我们主要还是依靠自己的力量，有计划地引进一些先进技术和成套设备。总之，我们坚持平等互利、互通有无的原则。

A：这点，我们理解⑤。我们公司愿为贵国的经济建设尽一份力量。如果需要的话，我们愿按最优惠的利率向您提供贷款。

B：谢谢。只要条件合适，我们可以考虑接受私人或政府间的贷款。

## （四）

A：你们的进出口贸易有了一些调整，是吗？

B：是的。这主要是指进口成套设备。

A：你们是不是不准备引进了？

B：不。据我所知⑥ 我们仍然需要从国外引进一些先进的技术和成套设备。当然，这是有计划、有选择地进行的。因为我们坚持的原则是，我国进口必须根据我国的支付能力。

A：你方如果希望继续引进一些先进技术和成套设备，我们公司可以尽力。您知道，我们公司的技术是第一流的，条件也是最优惠的。

B：谢谢。我们希望贵公司能和我们真诚合作。我们在自力更生的基础上，利用外资、引进先进技术的方针是不变的。这点，请伊藤先生转告贵国商界朋友。

A：一定一定。

## （五）

A：请问，你们现在是不是可以接受来样定制？

B：可以接受。我们还可以接受买方来料、指定包装。

A：噢，这真是大大前进了一步。

B：我们还可以用买方提供的零部件、备件、为买方组装或制造特殊规格的机器。

A：其它方面，你们还有哪些新的作法？

B：我们还可以根据双方的需要和可能进行具体商洽。

A：那价格怎么订呢？你们仍然坚持自己的价格吗？

**B：** 我们是根据国际市场的行情来调整价格的。

**A：** 我们相信，这样一来，我们之间的贸易额会继续增长，这对双方都有利。

## 四、生词

1. 外贸 　（名） 　wàimào 　foreign trade
2. 政策 　（名） 　zhèngcè 　policy
3. 实施 　（动） 　shíshī 　carry out
4. 贸易 　（名） 　màoyì 　trade
5. 一贯 　（形） 　yíguàn 　consistent
6. 平等互利 　　 　píngděng-hùlì 　equality and mutual benefit
7. 互通有无 　　 　hùtōng-yǒuwú 　the exchange of needed goods
8. 原则 　（名） 　yuánzé 　principle
9. 作法 　（名） 　zuòfǎ 　method
10. 灵活 　（形） 　línghuó 　flexible
11. 设法 　（动） 　shèfǎ 　try, do what one can
12. 消除 　（动） 　xiāochú 　get rid of, clear up
13. 死板 　（形） 　sǐbǎn 　rigid, inflexible
14. 采用 　（动） 　cǎiyòng 　adopt
15. 国际 　（名） 　guójì 　international
16. 通用 　（名） 　tōngyòng 　general, in common use
17. 方式 　（名） 　fāngshì 　way
18. 采取 　（动） 　cǎiqǔ 　use
19. 习惯作法 　　 　xíguàn zuòfǎ 　usual practice

| 20. | 分期付款 | | fēnqī fùkuǎn | payment by instalments |
|---|---|---|---|---|
| 21. | 双方 | （名） | shuāngfāng | two parties, two sides |
| 22. | 贵（国） | （形） | guì(guó) | your (country) |
| 23. | 私人 | （名） | sīrén | private |
| 24. | 政府 | （名） | zhèngfǔ | government |
| 25. | 贷款 | （名） | dàikuǎn | loan |
| 26. | 方针 | （名） | fāngzhēn | policy |
| 27. | 自力更生 | | zìlìgēngshēng | self-reliance |
| 28. | 资金 | （名） | zījīn | capital |
| 29. | 积累 | （动） | jīlěi | accumulate |
| 30. | 进口 | （动） | jìnkǒu | import |
| 31. | 支付 | （动） | zhīfù | pay |
| 32. | 合适 | （形） | héshì | suitable |
| 33. | 优惠 | （形） | yōuhuì | favourable |
| 34. | 提供 | （动） | tígōng | provide, supply, offer |
| 35. | 利率 | （名） | lìlù | interest rate |
| 36. | 调整 | （名、动） | tiáozhěng | adjustment, adjust |
| 37. | 引进 | （动） | yǐnjìn | import, introduce |
| 38. | 利用 | （动） | lìyòng | make use of, use |
| 39. | 外资 | （名） | wàizī | foreign capital |
| 40. | 成套 | （名） | chéngtào | a complete set |
| 41. | 设备 | （名） | shèbèi | equipment |
| 42. | 经济 | （名） | jīngjì | economy |
| 43. | 尽 | （动） | jìn | do one's utmost |
| 44. | 价格 | （名） | jiàgé | price |
| 45. | 市场 | （名） | shìchǎng | market |

| 46. | 行情 | （名） | hángqíng | market |
|---|---|---|---|---|
| 47. | 出口 | （动） | chūkǒu | export |
| 48. | 来料加工 | | láiliào jiāgōng | process with client's materials |
| 49. | 补偿贸易 | | bǔcháng màoyì | compensation trade |
| 50. | 合资经营 | | hézījīng-yíng | joint venture |
| 51. | 来样定制 | | lái yàng dìng zhì | |

manufacture goods according to client's sample

| 52. | 贸易额 | （名） | màoyì'é | turnover, volume of trade |
|---|---|---|---|---|
| 53. | 增长 | （动） | zēngzhǎng | increase |
| 54. | 银行 | （名） | yínháng | bank |
| 55. | 对外贸易 | | duì wài màoyì | foreign trade |
| 56. | 特殊 | （形） | tèshū | special |
| 57. | 规格 | （名） | guīgé | specifications |
| 58. | 欧洲 | （专名） | Ōuzhōu | Europe |
| 59. | 美洲 | （专名） | Měizhōu | America |
| 60. | 经验 | （名） | jīngyàn | experience |
| 61. | 教训 | （名） | jiàoxùn | lesson |
| 62. | 真诚 | （形） | zhēnchéng | sincere |
| 63. | 基础 | （名） | jīchǔ | basis |
| 64. | 先进 | （形） | xiānjìn | advanced |
| 65. | 转告 | （动） | zhuǎn'gào | pass on(to), tell |
| 66. | 接受 | （动） | jiēshòu | accept |
| 67. | 制造 | （动） | zhìzào | manufacture, make |

40

| 68. 机器 | （名） | jīqì | machine |
|---|---|---|---|
| 69. 其它 | （代） | qítā | else, other |
| 70. 需要 | （名） | xūyào | need |
| 71. 可能 | （名） | kěnéng | possible |
| 72. 进行 | （动） | jìnxíng | be in progress, get on with |
| 73. 计划 | （名） | jìhuà | plan |
| 74. 选择 | （动） | xuǎnzé | choose |
| 75. 第一流 | | dìyī liú | first class |
| 76. 商界 | （名） | shāngjiè | business circle |
| 77. 买方来料 | | mǎifāng láiliào | buyer's material |
| 78. 指定包装 | | zhǐdìng bāozhuāng | specified packing |
| 79. 买方 | （名） | mǎifāng | buyer |
| 80. 零部件 | （名） | língbùjiàn | parts |
| 81. 备件 | （名） | bèijiàn | spare parts |
| 82. 组装 | （动） | zǔzhuāng | assemble |
| 83. 商洽 | （动） | shāngqià | negotiate |

## 五、注释

### 1. 呀

在有疑问指示代词的问句和选择问句里，为了使语气和缓些，常在句末使用语气助词"呀"、"啊"等。如：

In order to produce a milder tone, an auxiliary word such as "呀" or "啊" is very often placed at the end of an alternative-type question or a question that contains an interrogative pronoun. For example:

（1）您想要哪方面的报盘呀？

For what kind of commodity would you like us to make you an offer?

（2）您是想作丝绸生意还是作瓷器生意呀？

Are you interested in silk or porcelain?

## 2．比如说

表示例举时，常用"比如说"，"比如"，"例如"，"如"等引出所列事项。"比如说"口语色彩较浓。

"比如"，"例如" or "如" is normally used to introduce an example. "比如说" is usually used in informal circumstances.

## 3．那太好了

表示欣然赞同别人的某种意见时，常用"那太好了"来强调语气。

To express satisfaction with and consent to an idea or suggestion, the phrase "那太好了" is very often used.

## 4．听说

为证实别人所说的话或事是否属实，或有意把自己确知的事说得委婉些，常用插入语"听说"，"据说"，"听别人说"，"有人说"等。这些插入语可用在句首，也可用在句中。如：

In order to confirm the truth or lack of truth of a given statement, or to express a personal opinion in a tactful way, parenthetical phrases such as "听说"，"据说"，"听别人说"，"有人说"，etc. are frequently placed either at the beginning or in the middle of a sentence. For example:

（1）听说他已经去北京参加谈判了。

I hear that he has gone to Beijing to take part in the negotiation.

（2）秋季广交会听说已经结束了。

I hear that this autumn's Guangzhou China Commodities Trade Fair has closed.

在要求对方证实时，后面常用"是吗？"，"是这样吗？"，"有这回事吗？"等。如果回答是肯定的，被问的一方可说"是的"，"有这回事"。反之则说"没有"，"不是"，"没那么回事"。如：

The question tag "是吗？"，"是这样吗？" or "有这回事吗？" is frequently appended to the sentence to invite a confirmation of the statement. When the answer is affirmatative, "是的"，"有这回事" is used by the answerer, otherwise "不是"，"没有"，"没那么回事" is used for the negative. For example:

——听说这种货又提价了，是吗？

I hear that the price of the product has gone up again. Is that true?

——是的（没有）。

Yes (No).

## 5.这点，我们理解

交际中对对方的意见、观点、看法或解释不置可否，可以用"这点，我们理解"，"这些，我们都理解"等来承接对方的话，而下文所陈述的意见常与对方不合。有时使用连词"但"、"但是"，转折的语气就更加显。

43

In social discourse, the phrase "这点，我们理解"，
or "这些，我们都理解" usually expresses an indefinite
answer to the other's opinion or view. Normally, the
following statement does not agree with the other per-
son's idea. The conjunction "但"，"但是" is some-
times used in this sort of sentence to make the disjunct
more obvious.

6. 据我所知

为了强调是个人看法或见解时，口语常用"据我所知"，
"据我了解"，"据我所得到的情况看" 等引起下文。

To emphasize a personal opinion, the phrases "据我所
知"，"据我了解"，"据我所得到的情况看" are used
in spoken Chinese to introduce the opinion.

# 第 四 课

## 询 价
### Inquiry

## 一、句子

1. 你们这次来主要想谈哪些方面的生意呀?

   Nǐmen zhè cì lái zhǔyào xiǎng tán nǎxiē fāngmiàn de shēngyi ya?

   May I know what particular line you are interested in this time?

2. 我们希望能和你们谈谈工艺品方面的业务。

   Wǒmen xīwàng néng hé nǐmen tántan gōngyìpǐn fāngmiàn de yèwù.

   We are interested in discussing arts and crafts business with you.

3. 请您谈谈你们对哪些产品感兴趣?

   Qǐng nín tántan nǐmen duì nǎxiē chǎnpǐn gǎn xìngqù?

   What particular items are you interested in?

4. 我们对你们的小五金很感兴趣。

   Wǒmen duì nǐmen de xiǎowǔjīn hěn gǎn xìngqù.

   We are very much interested in your hardware.

5. 您这次来主要想买些什么东西呀?

   Nín zhè cì lái zhǔyào xiǎng mǎi xiē shénme dōngxi ya?

   What products do you want to purchase this time?

45

6. 我们想买些上海出产的真丝印花绸。
   Wǒmen xiǎng mǎi xiē Shànghǎi chūchǎn de zhēnsī yìnhuāchóu.
   We should like to purchase Shanghai printed pure silk fabrics.

7. 这是询价单，请您看一下。
   Zhè shì xúnjiàdān, qǐng nín kàn yíxià.
   This is our inquiry. Would you like to have a look?

8. 我们希望能在这方面和你们大量成交。
   Wǒmen xīwàng néng zài zhè fāngmiàn hé nǐmen dàliàng chéngjiāo.
   We hope that we can do substantial business with you in this line.

9. 你们有这方面的样本吗？
   Nǐmen yǒu zhè fāngmiàn de yàngběn ma?
   Have you got the catalogue for this line?

10. 这是上海出产的真丝印花绸。
    Zhè shì Shànghǎi chūchǎn de zhēnsī yìnhuāchóu.
    This is the printed pure silk fabric produced in Shanghai.

11. 我觉得这几个品种的花色不错。
    Wǒ juéde zhè jǐ ge pǐnzhǒng de huāsè búcuò.
    I think these patterns are quite good.

12. 我们想了解一下你们在这方面的供货能力和销售条件。
    Wǒmen xiǎng liáojiě yíxià nǐmen zài zhè fāngmiàn de gōnghuò nénglì hé xiāoshòu tiáojiàn.
    We'd like to know the availability and the conditions of sale of this line.

13. 请您把品号告诉我。

Qǐng nín bǎ pǐnhào gàosu wǒ.

Could you tell me the article number of the product?

14. 我们需要一批提升能力三十五（35）吨以上的汽车起重机。

Wǒmen xūyào yì pī tíshēng nénglì sān shí wǔ (35) dūn yǐshàng de qìchē qìzhòngjī.

We are interested in mobile cranes with a lifting power of over 35 tons.

15. 不知你们有没有这种规格的？

Bù zhī nǐmen yǒu-méiyǒu zhè zhǒng guīgé de?

Have you got a product of this specification?

16. 我看NK-400E型符合您所提出的规格。

Wǒ kàn NK-400E xíng fúhé nín suǒ tíchū de guīgé.

I think Model NK-400E conforms with your specifications.

17. 我们的商品销售说明书您看了吧？

Wǒmen de shāngpǐn xiāoshòu shuōmíngshū nín kàn le ba?

Have you read our leaflet?

18. 你们打算订购哪种型号的呢？

Nǐmen dǎsuàn dìnggòu nǎ zhǒng xínghào de ne?

What type do you want to order?

19. 我们考虑订购D6C型的。

Wǒmen kǎolǜ dìnggòu D6C xíng de.

We are thinking of placing an order for D6C.

20. 这种型号的推土机总重量是多少？

Zhè zhǒng xínghào de tuītǔjī zǒng zhòngliàng shì duōshao?

What is the total weight of this kind of bulldozer?

21. 这种推土机的总重量是十四（14）吨。
Zhè zhǒng tuītǔjī de zǒng zhòngliàng shì shí sì (14)
dūn.
The total weight of the bulldozer is 14 tons.

22. 这种推土机有什么特点？
Zhè zhǒng tuītǔjī yǒu shénme tèdiǎn?
What is the distinguishing feature of the bulldozer?

23. 这种推土机操纵方便。
Zhè zhǒng tuītǔjī cāozòng fāngbiàn.
The bulldozer can be handled easily.

24. 你们有没有输出功率是一百五十（150）马力的？
Nǐmen yǒu-méiyǒu shūchū gōnglù shì yì bǎi wǔ
shí (150) mǎlì de?
Have you got the one which has an output of 150
horsepower?

25. 我们可以接受特殊订货。
Wǒmen kěyǐ jiēshòu tèshū dìnghuò.
We are in a position to accept a special order.

## 二、替换练习

1. 我们希望能和你们谈谈工艺品方面的业务。

| 小五金 | 汽车 |
| 纺织品 | 化工产品 |
| 农产品 | 矿产品 |

2. 我们对你们的小五金很感兴趣。

| 地毯 |
| 起重机 |
| 推土机 |

48

3. 我们想买些<u>上海出产</u>的<u>真丝印花绸</u>。

| | |
|---|---|
| 天津, | 地毯 |
| 北京, | 小五金 |
| 广州, | 抽纱 |

4. 这是<u>询价单</u>,请您看一下.

| |
|---|
| 样本 |
| 商品目录 |
| 说明书 |

5. 我觉得这几个品种的<u>花色</u><u>不错</u>。

| | |
|---|---|
| 规格, | 合适 |
| 款式, | 新颖 |
| 花色, | 美观 |

6. 我们需要一批<u>提升能力三十五吨</u>(35)以上的汽车起重机。

| | |
|---|---|
| 最大吊杆长度, | 三十五米 |
| 总扬程, | 四十八米 |

7. 不知你们有没有这种<u>规格</u>的?

| |
|---|
| 型号 |
| 花色 |
| 款式 |

8. 我看ＮＫ—４００Ｅ型符合您所提出的规格。

> Ｄ６Ｃ型
> 12405品种
> 这种型号

9. 这种型号的推土机总重量是多少？

> 推土机，　　输出功率
> 起重机，　　提升能力
> 起重机，　　总扬程

10. 你们有没有输出功率是一百五十（150）马力的？

> 提升能力，四十吨
> 总扬程，　五十米
> 总重量，　十吨

11. 这种推土机操纵方便。

> 起重机，提升能力大
> 推土机，机件密封好
> 产品，　花色美观

## 三、会话

### （一）

Ａ：怀特先生，我们的产品您都看过了。请您谈谈你们对哪些产品感兴趣？

**B**：我们对你们的小五金很感兴趣①。看了展品和商品目录后，我觉得有些商品在我国很有销路。这是我们的询价单，请您看一下。

**A**：好的，谢谢。

**B**：我是来为加拿大链锁商店订货的。他们还对中国地毯感兴趣，您能帮助我联系一下吗？

**A**：当然②可以。我可以代您约一下中国土产畜产进出口总公司的王先生。

**B**：那太感谢您了。

## （二）

**A**：你们这次来主要想谈哪些方面的生意呀？

**B**：我们公司对你们的工艺品很感兴趣。希望能和你们谈谈这方面的业务。

**A**：我们公司经营的工艺品种类很多，你们对哪些品种更感兴趣呢③？

**B**：我们对抽纱更感兴趣。你们有这方面的样本吗？

**A**：有。这是天津抽纱的样本。抽纱是我国的传统实用工艺品。最近几年，又有了新的发展。样本中大都是新品种。

**B**：很好。我们想订购 03K032 72×108″、193 36×36″ −5 PCS、P265 50×76″、G6003A 42×54″。

**A**：好，我记下来了。

## （三）

**A**：伊藤先生，这次来主要想买些什么东西呀？

**B**：我们对你们的纺织品很感兴趣，想买些上海出产的真丝印花绸。希望能在这方面和你们大量成交。

**A**：这是样本和目录。这些都是上海生产的"金三杯"牌真丝印花绸。

B：我觉得这几个品种的花色不错。

A：请您把品号告诉我，我记一下。

B：12405、12509、12340，还有12568、12197。

A：一共五种。

B：对。我们想了解一下你们在这方面的供货能力和销售条件。

A：真丝印花绸一般来说④是高档花色面料，每批产品印制的数量不多。不过，我们尽量满足你们的要求。

## （四）

A：李先生，听说你方对我们的汽车起重机感兴趣。

B：是的，我们正在考虑订货。

A：这是我们公司所有产品的说明书，请您看一下。

B：我们需要一批提升能力三十五(35)吨以上的汽车起重机。不知你们有没有这种规格的？

A：我看ＮＫ-400Ｅ型符合您所提出的规格。这种起重机的提升能力是四十(40)吨，最大吊杆儿长度是三十五(35)米，总扬程是四十八点七(48.7)米。

## （五）

A：王先生，我们的商品销售说明书您都看了吧？

B：看了。

A：您对哪些产品比较感兴趣？

B：我们对履带式推土机比较感兴趣。

A：你们打算订购哪种型号的呢？

B：我们初步考虑订购Ｄ６Ｃ型的。这种型号的推土机总重量是多少？

A：十四(14)吨。

B：输出功率呢？

A：一百三十（130）马力。

B：这种推土机有什么特点？

A：操纵方便，机件密封好，传动系统灵敏。

B：有没有输出功率是一百五十（150）马力的？

A：没有。不过，我们可以接受特殊订货。

B：那好。这是我们的询价单。

A：谢谢。

## 四、生词

| | | | |
|---|---|---|---|
| 1. 询价 | （动） | xúnjià | enquire |
| 2. 产品 | （名） | chǎnpǐn | product |
| 3. 对…感兴趣 | | duì … gǎn xìngqù | to be interested in |
| 4. 小五金 | （名） | xiǎowǔjīn | hardware |
| 5. 展品 | （名） | zhǎnpǐn | exhibit |
| 6. 商品 | （名） | shāngpǐn | commodity |
| 7. 目录 | （名） | mùlù | catalogue |
| 8. 有销路 | | yǒu xiāolù | saleable |
| 9. 询价单 | （名） | xúnjiàdān | inquiry note |
| 10. 代 | （动） | dài | act on sb.'s behalf |
| 11. 加拿大 | （专名） | Jiā'nádà | Canada |
| 12. 链锁商店 | | liànsuǒ shāngdiàn | chain store |
| 13. 订货 | （动） | dìnghuò | place an order |
| 14. 地毯 | （名） | dìtǎn | carpet |

53

15. 约　　（动）　yuē　　make an appointment

16. 中国土产畜产进出口总公司（专名）
Zhōngguó Tǔchǎn Xùchǎn Jìnchūkǒu Zǒnggōngsī
China National Native Produce and Animal By-
products Import and Export Corp.

17. 种类　　（名）　zhǒnglèi　　kind
18. 抽纱　　（名）　chōushā　　drawnwork
19. 样本　　（名）　yàngběn　　sample book
20. 传统　　（名）　chuántǒng　　tradition
21. 实用　　（形）　shíyòng　　practical
22. 品种　　（名）　pǐnzhǒng　　kind, type
23. 订购　　（动）　dìnggòu　　order
24. 出产　　（动）　chūchǎn　　produce
25. 真丝印花绸　　zhēnsī yìn-　　printed pure silk fab-
　　　　　　　　　huāchóu　　ric
26. 大量　　（形）　dàliàng　　a great quantity
27. 成交　　（动）　chéngjiāo　　conclude the business
28. 生产　　（动）　shēngchǎn　　produce
29. "金三杯"牌（专名）"Jīnsānbēi" páir
　　　　　　　　　"Three Gold Cups" brand
30. 花色　　（名）　huāsè　　design, pattern
31. 品号　　（名）　pǐnhào　　article number
32. 供货　　（动）　gònghuò　　supply
33. 销售　　（动）　xiāoshòu　　sell
34. 高档　　（形）　gāodàng　　high quality
35. 面料　　（名）　miànliào　　bedding material

| 36. | 印制 | （动） | yìnzhì | print |
|---|---|---|---|---|
| 37. | 起重机 | （名） | qǐzhòngjī | crane |
| 38. | 订货 | （动） | dìnghuò | place an order |
| 39. | 说明书 | （名） | shuōmíngshū | brochure, leaflet |
| 40. | 提升 | （动） | tíshēng | lift |
| 41. | 吨 | （量） | dūn | ton |
| 42. | 型 | （名） | xíng | model |
| 43. | 符合 | （动） | fúhé | suit |
| 44. | 吊杆儿 | （名） | diàogǎnr | boom |
| 45. | 长度 | （名） | chángdù | length |
| 46. | 扬程 | （名） | yángchéng | lift |
| 47. | 履带式 | （名） | lǚdàishì | caterpillar, crawler |
| 48. | 推土机 | （名） | tuītǔjī | bulldozer |
| 49. | 型号 | （名） | xínghào | model |
| 50. | 输出 | （动） | shūchū | output |
| 51. | 功率 | （名） | gōnglǜ | power |
| 52. | 马力 | （量） | mǎlì | horsepower |
| 53. | 操纵 | （动） | cāozòng | operate |
| 54. | 机件 | （名） | jījiàn | parts |
| 55. | 密封 | （动） | mìfēng | seal up |
| 56. | 传动 | （动） | chuándòng | transmit, drive |
| 57. | 系统 | （名） | xìtǒng | system |
| 58. | 灵敏 | （形） | língmin | acute |
| 59. | 农产品 | （名） | nóngchǎnpǐn | farm products |
| 60. | 化工 | （名） | huàgōng | chemicals |

61. 矿产品　（名）　kuàng-　minerals
　　　　　　　　　chǎnpǐn
62. 款式　　（名）　kuǎnshì　style
43. 新颖　　（形）　xīnyǐng　new
64. 美观　　（形）　měiguān　beautiful

## 五、注解

### 1. 对…感兴趣

　　交际中，表示某种愿望或要求，常用"对…感兴趣"这种婉转的说法。在商业洽谈中，使用这一结构常含有希望购买某种商品的意思。如：

　　The pattern "对…感兴趣" is a tactful expression used in social discourse to express the idea of wanting to know or learn about something or somebody. In business language, it conveys the intent of purchase. For example:

　　　（1）我们公司对你方的家用电器很感兴趣。（意思是：想购买家用电器）

　　　　　(to want to buy the goods)

　　　（2）我们对丝绸生产的工艺流程很感兴趣。（意思是：希望参观丝绸生产的情况）

　　　　　(to have a desire to see the silk production)

### 2. 当然

　　表示肯定，不必怀疑，常用副词"当然"，这时副词"当然"有加强语气的作用。如：

The adverb "当然" is frequently used to emphatically express positive assurance or the idea of leaving no room for doubt. For example:

（1）我这样说，当然有根据。

    I certainly have good grounds for saying so.

（2）——你不想订一些吗？

    — Don't you want to book some?

    ——当然想。

    — I certainly do.

副词"当然"可以单用或回答问题。如：

The adverb "当然" can be used alone or in answering questions. For example:

（3）当然！到时候我们一定通知您。

    Certainly, I'll let you know at the time.

（4）——广交会开幕时，请务必通知我们一下。

    ——当然。

    — Please let us know when the Guangzhou Fair opens.

    — Certainly.

### 3. 呢

在特指问句中，表示疑问，常用语气助词"呢"，这时，句中常用"谁、怎么、什么、哪"等疑问词与之搭配。如：

A special question (or wh-question as it is called in English) normally contains interrogative pronouns such as "谁"，"怎么"，"什么"，"哪" and usually has the auxiliary word of mood "呢" at its end. For example:

（1）你问谁呢?

Whom do you ask?

（2）我怎么一点儿也不知道呢?

Why don't I know anything about it?

（3）在这种丝织品里你们加了些什么呢?

What did you add to the silk products?

（4）他到哪儿去了呢?

Where has he gone?

### 4. 一般来说

表示普通,通常情况下,口语常用"一般来说"、"一般说来"、"一般地说"等,一般放在句首作为插入语,后面须有停顿。如:

To express the idea of "in general" or "as a rule", the expressions "一般来说", "一般说来", "一般地说", are frequently used parenthetically before the statement in spoken Chinese. For example:

（1）一般地说,我们只采用足额的、保兑的、不可撤销的即期付款的信用证。

We usually use 100%, confirmed, irrevocable letter of credit payable against sight draft.

（2）贵公司真丝绸的质量一般来说是好的,但如果能改进一下包装,我们就打算多订一些。

Generally speaking, your pure silk is of good quality. But if you could improve your packing, we'd like to order some more.

## 5. 样品代号、样品规格的读法

How to Read Article Numbers and Specifications

样品代号中的阿拉伯数码，一般只读数字，不读位数，而规格则要读出位数。如：

Arabic numerals relating to goods are normally read digit by digit, but if the numerals refer to a specification, the figure should be read as a whole. For example:

S 4057　19×29″ reads　　S四零五七，十九乘
　　　　　　　　　　　　二十九英寸

T 770004　44×47cm reads　　T七七零零四，四
　　　　　　　　　　　　十四乘四十七厘米

# 第 五 课
## 报 价
### Offer

## 一、句子

1. 请您介绍一下你方的价格，好吗？
   Qǐng nín jièshào yíxià nǐfāng de jiàgé, hǎo ma?
   Will you please let us have an idea of your price?

2. 这是我们的最新价格单。
   Zhè shì wǒmen de zuì xīn jiàgédān.
   This is our latest price list.

3. 我方价格极有竞争性。
   Wǒfāng jiàgé jí yǒu jìngzhēngxìng.
   Our price is highly competitive.

4. 你们是不是报一下这些产品的价格？
   Nǐmen shì-bushì bào yíxià zhèxiē chǎnpǐn de jià-gé?
   Can you tell me the prices of these goods?

5. 你们先谈一下大概要订多少。
   Nǐmen xiān tán yíxià dàgài yào dìng duōshao.
   Would you please give us an approximate idea of the quantity you require.

6. 我们要订的数量，很大程度上取决于你方的价格。
   Wǒmen yào dìng de shùliàng, hěn dà chéngdùshang qǔjué yú nǐfāng de jiàgé.

The size of our order depends greatly on your price.

7. 还是你方先报价吧。

Háishì nǐfāng xiān bàojià ba.

I think it's better for you to quote us your price first.

8. 希望你们报一个 C.I.F. 旧金山的最低价。

Xīwàng nǐmen bào yí ge C.I.F. Jiùjīnshān de zuì dī jià.

I'd like to have your lowest quotation C.I.F. San Francisco.

9. 为了便于报价，能不能请您谈谈你方所需的数量？

Wèile biànyú bàojià, néng-bunéng qǐng nín tántan nǐfāng suǒ xū de shùliàng?

Would you please tell us the quantity you require so as to enable us to work out the offer?

10. 请你们先提出一个估计价格吧!

Qǐng nǐmen xiān tíchū yí ge gūjì jiàgé ba!

Can you give us an indication of your price?

11. 这种产品 C.I.F. 旧金山的价格是四百（400）美元一台。

Zhè zhǒng chǎnpǐn C.I.F. Jiùjīnshān de jiàgé shì sì bǎi (400) měiyuán yì tái.

The price for this commodity is $400 per piece C.I.F. San Francisco.

12. 你们的报价是成本加运费和保险费的到岸价吗？

Nǐmen de bàojià shì chéngběn jiā yùnfèi hé bǎoxiǎn fèi de dàoànjià ma?

Is this your C.I.F. quotation?

13. 这是我们的 F.O.B. 价格单。
Zhè zhì wǒmen de F.O.B. jiàgédān.
This is our FOB quotation sheet.

14. 上面的价格是实盘吗?
Shàngmiàn de jiàgé shì shípán ma?
Are the prices on the list firm offers?

15. 单中的所有价格以我方最后确认为准。
Dānzhōng de suǒyǒu jiàgé yǐ wǒfāng zuìhòu quèrèn
wéi zhǔn.
All the quotations on the list are subject to our
final confirmation.

16. 不知你们的价格有没有变化?
Bùzhī nǐmen de jiàgé yǒu-meiyǒu biànhuà?
I wonder whether there are any changes in your
price.

17. 这种产品的价格和去年比有些变化。
Zhè zhǒng chǎnpǐn de jiàgé hé qùnián bǐ yǒu
xiē biànhuà.
The price for this commodity has changed
somewhat compared with that of last year.

18. 我们什么时候可以得到成本加运费和保险费的实盘?
Wǒmen shénme shíhou kěyi dédào chéngběn jiā
yùnfè hé bǎoxiǎnfèi de shípán?
When can I have your CIF firm offer?

19. 我们在今天晚上可以算出来· 明天上午交给你方。
Wǒmen zài jīntiān wǎnshang kěyi suànchūlai,
míngtiān shàngwǔ jiāogěi nǐfāng.
We can work out the offer this evening and give it
to you tomorrow morning.

20. 你们的报价几天内有效?
Nǐmen de bàojià jǐ tiān nèi yǒuxiào?
How long does your offer remain valid?

21. 我们的报价三(3)天内有效。

Wǒmen de bàojià sān tiān nèi yǒuxiào.

Our offer remains open for 3 days.

22. 如果你方价格优惠，我们可以马上订货。

Rúguǒ nǐfāng jiàgé yōuhuì, wǒmen kěyǐ mǎshàng dìnghuò.

If your price is favourable, we can book an order right away.

23. 如果你们订货数量大，价格我们还可以考虑。

Rúguǒ nǐmen dìnghuò shùliàng dà, jiàgé wǒmen hái kěyǐ kǎolǜ.

We may reconsider our price if your order is big enough.

24. 这些产品都是我们的畅销货。

Zhè xiē chǎnpǐn dōu shì wǒmen de chàngxiāohuò.

All these articles are our best selling lines.

25. 这些产品的花色是目前国际市场上比较流行的。

Zhè xiē chǎnpǐn de huāsè shì mùqián guójì shìchǎngshang bǐjiào liúxíng de.

These patterns are quite popular in the international market.

## 二、替换练习

1. 你们是不是报一下<u>这些产品</u>的价格?

| 这种型号的电视机 |
| 茶叶 |
| 羊毛 |

2. 希望你们报一个**C.I.F**旧金山的最低价。

> F.O.B. 烟台
> C.I.F. 马赛
> F.O.B. 大连

3. 这种产品**C.I.F**旧金山的价格是四百(400)美元一台。

> 英镑，　箱
> 法郎，　袋
> 日元，　桶

4. 你们的报价是成本加运费和保险费的到岸价吗？

> 船上交货价，
> 离岸价，F.O.B.新港
> 到岸价，C.I.F.汉堡

5. 上面的价格是实盘吗？

> 船上交货价，离岸价，F.O.B价格
> 到岸价，C.I.F价格

6. 我们在今天晚上可以算出来，明天上午交给你方。

> 今天下午，　明天早上
> 后天上午，　下午
> 明天上午，　下午

7. 这种产品的价格和去年比有些变化。

| | |
|---|---|
| 大豆 | 铜 |
| 小麦 | 锡 |
| 生丝 | 虾米 |

8. 我们的报价三(3)天内有效。

| |
|---|
| 两天 |
| 五天 |
| 一星期 |

9. 如果你方价格优惠，我们可以马上订货。

| |
|---|
| 便宜 |
| 合理 |
| 低 |

10. 如果你们订货数量大，价格我们还可以考虑。

| |
|---|
| 商量 |
| 研究 |
| 降低 |

## 三、会话

### （一）

A：请您介绍一下你方的价格，好吗？

B：这是我们的最新价格单。您会发现我方价格极有竞争性。

65

Ａ：你们的报价都是 Ｃ.Ｉ.Ｆ.价（成本加运费和保险费的到岸价）吧①？

Ｂ：对。

Ａ：我们希望你们报 Ｆ.Ｏ.Ｂ.（船上交货）价。

Ｂ：可以。

## （二）

Ａ：王先生，这几个品种是不是新产品？

Ｂ：不是。但都是我们的畅销货。这些产品的花色是目前国际市场上比较流行的。我建议你们订一些。

Ａ：你们是不是②先报一下这些产品的价格，这样我们才好作出决定。

Ｂ：那你们先谈一下大概要订多少③。

Ａ：我们要订的数量，很大程度上取决于你方的价格。还是你们先报价吧。

Ｂ：那好④。

## （三）

Ａ：王先生，这是询价单。

Ｂ：谢谢。

Ａ：希望你们报一个 Ｃ.Ｉ.Ｆ.旧金山的最低价。

Ｂ：为了便于我方报价，能不能⑤请您谈谈你方所需的数量？

Ａ：行啊。不过请您先提出个估计价格吧？

Ｂ：可以。这是我们的 Ｆ.Ｏ.Ｂ.价格单。

Ａ：上面的价格是实盘吗？

Ｂ：是。但单中的所有价格以我方最后确认为准。

## （四）

A：张先生，我什么时候可以得到你方 C．I．F．实盘，
也就是最终一次的有效报盘？

B：我们最迟在今天晚上可以算出来，明天上午给你吧。
明天请你再来一下好吗？

A：好。我明天上午十点到这里，您看行吗？

B：行。

A：你们的报价几天内有效？

B：我们的报价三(3)天内有效。

A：如果你方的价格优惠，我们可以马上订货。

## （五）

A：伊藤先生，我们想再订购一批你公司出产的彩色电
视机。不知你们的价格有没有变化？

B：请问你们要⑥哪种型号的？

A：T4500K型。

B：T4500K型是四百（400）美元一台。

A：是 C．I．F 实盘吗？

B：是。如果你们订货数量大，价格我们还可以考虑。

A：T9400K型呢？

B：这种型号的价格和去年比没有变化。

A：还是三百五十（350）美元。

B：对。

A：好，谢谢。关于我们要订的数量，明天再告诉您。

## 四、生词

1. 报价　　（名）　bàojià　　　quotation
2. 价格单　（名）　jiàgédān　　price list

| 3. 竞争性 | （名） | jìngzhēng-xìng | competitiveness |
|---|---|---|---|
| 4. 成本 | （名） | chéngběn | cost |
| 5. 运费 | （名） | yùnfèi | freight |
| 6. 保险费 | （名） | bǎoxiǎnfèi | insurance |
| 7. 到岸价 | （名） | dàoʼànjià | cost, freight and insurance |
| 8. 船上交货价 | | chuán-shàng jiāohuòjià | free on board l.c. |
| 9. 报 | （动） | bào | offer, quote |
| 10. 畅销货 | （名） | chàng-xiāohuò | goods that sell well |
| 11. 流行 | （形、动） | liúxíng | fashionable, popular |
| 12. 订 | （动） | dìng | book, order |
| 13. 大概 | （副） | dàgài | probably |
| 14. 数量 | （名） | shùliàng | quantity |
| 15. 取决 | （动） | qǔjué | depend upon |
| 16. C.I.F.旧金山 | | C.I.F. Jiùjīnshān | cost, insurance and freight San Francisco |
| 17. 便于 | （动） | biànyú | facilitate |
| 18. 估计 | （动） | gūjì | estimate |
| 19. 提出 | （动） | tíchū | give, put forward |
| 20. 价格 | （名） | jiàgé | price |
| 21. 确认 | （动） | quèrèn | confirm |
| 22. 以…为准 | | yǐ…wéizhǔn | subject to |
| 23. 实盘 | （名） | shípán | firm offer |

| | | | |
|---|---|---|---|
| 24. 最终 | （名） | zuìzhōng | final |
| 25. 有效 | （形） | yǒuxiào | valid |
| 26. 最迟 | （副） | zuìchí | the latest |
| 27. 交给 | （动） | jiāogěi | give |
| 28. 订购 | （动） | dìnggòu | order |
| 29. 彩色 | （名） | cǎisè | colour |
| 30. 电视机 | （名） | diànshìjī | television |
| 31. 美元 | （名） | měiyuán | U．S．Dollar |
| 32. 茶叶 | （名） | cháyè | tea |
| 33. 羊毛 | （名） | yángmáo | wool |
| 34. 烟台 | （专名） | Yāntái | Yantai |
| 35. 马赛 | （专名） | Mǎsài | Marseilles |
| 36. 大连 | （专名） | Dàlián | Dalian |
| 37. 英镑 | （名） | yīngbàng | Pound Sterling |
| 38. 日元 | （名） | rìyuán | Japanese Yen |
| 39. 箱 | （量） | xiāng | case, box |
| 40. 袋 | （量） | dài | bag |
| 41. 桶 | （量） | tǒng | drum |
| 42. 新港 | （专名） | Xīngǎng | Xingang |
| 43. 汉堡 | （专名） | Hànbǎo | Hamburg |
| 44. 铜 | （名） | tóng | copper |
| 45. 锡 | （名） | xī | tin |
| 46. 虾米 | （名） | xiāmi | shrimp |
| 47. 大豆 | （名） | dàdòu | soya bean |
| 48. 小麦 | （名） | xiǎomài | wheat |
| 49. 生丝 | （名） | shēngsī | raw silk |
| 50. 便宜 | （形） | piányi | cheap |

| 51. 商量 | （动） | shāngliang | talk it over, discuss |
|---|---|---|---|
| 52. 研究 | （动） | yánjiū | study |
| 53. 降低 | （动） | jiàngdī | reduce, lower |
| 54. F.O.B.大连 | | F.O.B. Dàlián | Free on Board Dalian |

## 五、注释

### 1. 吧

在表示有揣测语气的问句中，可在句尾用语气助词"吧"。如：

If the question conveys a suppositional mood, the auxiliary word "吧" is very often added at the end of it. For example:

（1）您就是张经理吧？

Are you Mr. Zhang the Managing Director?

（2）这次能成交了吧？

Do you think we can come to terms this time?

在表示命令、请求、催促、建议等祈使句末尾，也可用语气助词"吧"。如：

The auxiliary word "吧" can also be placed at the end of an imperative sentence to indicate an order, request, entreaty, suggestion, etc. For example:

（3）你再考虑考虑吧。

Think it over again.

（4）我们再商量商量吧。

Let's talk it over again.

（5）帮帮我们的忙吧。

Please help us.

## 2. 是不是

在是非问句中，常用"是不是"、"是否"。如：

A "yes-no" question normally contains "是不是" or "是否" For example:

（1）我们是不是有复验权？

Do we have the right to re-examine it?

（2）这种货库存不多了,是不是？

Our stock for this commodity is running low, isn't it?

书面常用"是否"，后面一般不能带名词性成分。

"是否", used more often in written Chinese, usually does not take a noun or a noun phrase after it.

## 3. 多少

表示或多或少不定的数量，常用代词"多少"如：

The pronoun "多少" is usually used to express an indefinite number. For example:

（1）这种货，有多少我们买多少。

As for this product, we'll take as many as you have in stock.

（2）他们订多少我不知道。

I don't know how many they will book.

## 4. 那好

同意对方的要求或条件，常用"那好"来承接对方的话。如：

As a reply "那好" is often used to express consent to a request or a condition. For example:

——这回我们就先要这几个品种。

We'll take these types this time.

——那好，我们来谈谈所要的数量吧。

Fine. Let's discuss the quantity you need.

## 5. 能不能

表示请求、商量，可用"能不能"、"能否"引出。如：

"能不能" or "能否" is used to introduce a request or a proposal. For example:

（1）能否通融一下？

　　Could you make an exception?

（2）能不能先谈谈你方的条件？

　　Could you say something about your conditions?

## 6. 要

表示希望得到或保持，常用动词"要"。"要"后可带名词宾语。如：

The verb "要" implies the desire to get or keep something. It can take an object. For example:

（1）我想要12405、12509、12340等品号的样品。

　　I'd like to have samples of Article Numbers 12405, 12509 and 12340.

（2）12405、12509品号这回我还要，别的就不要了。

　　At present, I'll take Numbers 12405 and 12509. I don't want the rest.

## 7. 贸易专业术语的读法

How to Read Trade and Insurance Terms

贸易洽谈中常使用一些专业术语。这些术语有的是英文字头。使用时一般直接按英文字母读出。如：

Trade and insurance terms are frequently used in English in business negotiations. Sometimes they are abbreviated and only the initial letters are read. For example:

C.I.F. (Cost, Insurance, Freight)

S.R.C.C. (Strikes Riots and Civil Commotion Risks)

# 第 六 课

## 价格争议（一）
## On Price (I)

## 一、句子

1. 你们的价格那么高，我们很难以这个价格销售。

   Nǐmen de jiàgé nàme gāo, wǒmen hěn nán yǐ zhè ge jiàgé xiāoshòu.

   It is difficult for us to sell the goods, as your price is so high.

2. 如果按这个价格买进，我方实在难以推销。

   Rúguǒ àn zhè ge jiàgé mǎijìn, wǒfāng shízài nányǐ tuīxiāo.

   It would be very difficult for us to push any sales if we buy it at this price.

3. 你方的价格比去年高出了百分之二十五（25％）。

   Nǐfāng de jiàgé bǐ qùnián gāochū le bǎi fēn zhī èr shí wǔ (25％).

   Your price is 25％ higher than that of last year.

4. 您知道从去年以来这种商品的价格上涨了。

   Nín zhīdào cóng qùnián yǐlái zhè zhǒng shāngpǐn de jiàgé shàngzhǎng le.

   You may notice that the price for this commodity has gone up since last year.

5. 您知道，几个月来这种商品的价格上涨得很多。

Nín zhīdào, jǐ ge yuè lái zhè zhǒng shāngpǐn de jiàgé shàngzhǎng de hěn duō.

You know, the price for this commodity has gone up a lot in the last few months.

6. 这种商品国际市场的价格是每磅二十五（25）美元。

Zhè zhǒng shāngpǐn guójì shìchǎng de jiàgé shì měi bàng èr shí wǔ (25) měiyuán.

The price for this commodity is US$25 per pound in the international market.

7. 我们的价格和国际市场的价格相比还是合理的。

Wǒmen de jiàgè hé guójì shìchǎng de jiàgé xiāngbǐ hái shì hélǐ de.

Our price is reasonable compared with that in the international market.

8. 我不同意您的说法。

Wǒ bù tóngyì nín de shuōfǎ.

I'm afraid I don't agree with you there.

9. 你们的价格比我们从别处得到的报价要高。

Nǐmen de jiàgé bǐ wǒmen cóng biéchù dédào de bàojià yào gāo.

Your price is higher than those we got from elsewhere.

10. 日本的报价就比较低。

Rìběn de bàojià jiù bǐjiào dī.

The Japanese quotation is lower.

11. 您必须要考虑到质量问题。

Nín bìxū yào kǎolǜ dào zhìliàng wèntí.

You should take quality into consideration.

12. 结合质量考虑，我认为这个价格是合理的。

Jiéhé zhìliàng kǎolù, wǒ rènwéi zhè ge jiàgé shì héli de.

Taking the quality into consideration, I think the price is reasonable.

13. 我们的产品质量高。

Wǒmen de chǎnpǐn zhìliàng gāo.

Our products are of high quality.

14. 有的国家对这种商品正在削价抛售。

Yǒude guójiā duì zhè zhǒng shāngpǐn zhèngzài xiāo jià pāoshòu.

Some countries are selling their goods at low prices in big quantities.

15. 在质量方面，其它牌号的商品很难和我们的相比。

Zài zhìliàng fāngmiàn, qítā páihào de shāngpǐn hěn nán hé wǒmen de xiāngbǐ.

In respect to quality, I don't think that the goods of other brands can compare with ours.

16. 要说服客户以这个价格购买，对我们来说是不容易的。

Yào shuōfú kèhù yǐ zhè ge jiàgé gòumǎi, duì wǒmen láishuō shì bù róngyì de.

It is no easy job for us to persuade the end-user to buy your goods at this price.

17. 我们的产品是有竞争力的。

Wǒmen de chǎnpǐn shì yǒu jìngzhēnglì de.

Our products can stand competition.

18. 客户很难接受你们的价格。

Kèhù hěn nán jiēshòu nǐmen de jiàgé.

I don't think the end-user would accept your price.

19. 要不是为了我们的友好关系，我们是不愿意以这个价格报实盘的。

Yào búshì wèile wǒmen de yǒuhǎo guānxi, wǒmen shì bú yuànyì yǐ zhè ge jiàgé bào shípán de.

If it had not been for our good relationship, we wouldn't have made you a firm offer at this price.

20. 为了成交，我们可以作些让步。

Wèile chéngjiāo, wǒmen kéyǐ zuò xiē ràngbù.

In order to conclude the business, we may make some concessions.

21. 请您说明你们大概要订购的数量，以便我们对价格作相应的调整。

Qǐng nín shuōmíng nǐmen dàgài yào dìnggòu de shùliàng, yǐbiàn wǒmen duì jiàgé zuò xiāngyìng de tiáozhěng.

Could you please tell us the quantity you require so that we may adjust our price accordingly.

22. 如果我们订货数量大，我们准备减价百分之二(2%)。

Rúguǒ nǐmen dìnghuò shùliàng dà, wǒmen zhǔnbèi jiǎnjià bǎi fēn zhī èr (2%).

We are prepared to make a 2% reduction if your order is big enough.

23. 为了促成交易，我认为你们至少得让百分之五（5%）才行。

Wèile cùchéng jiāoyì, wǒ rènwéi nǐmen zhìshǎo děi ràng bǎi fēn zhī wǔ (5%) cái xíng.

In order to conclude the transaction, I think you should reduce your price by at least 5%.

24. 我们只能降价百分之二（2%），不能再多了。

Wǒmen zhǐ néng jiàngjià bǎi fēn zhī èr, bù néng zài duō le.

We can't do more than a 2% reduction.

25. 为了达成交易，我们接受你方的价格。

Wèile dáchéng jiāoyì, wǒmen jiēshòu nǐfāng de
jiàgé

In order to conclude the transaction, we accept
your price.

## 二、替换练习

1. 你方的价格比去年高出了<u>百分之二十五（25％）</u>。

> 百分之十（10％）
> 百分之五（5％）
> 百分之十五（15％）

2. 您知道从去年以来<u>这种商品</u>的价格上涨了。

> 猪鬃　棉花
> 红茶　桐油
> 食糖　石油

3. 这种商品国际市场的价格是每<u>磅二十五（25）美元</u>。

> 斤，　三十（30）法郎
> 公斤，一百（100）便士
> 吨，　五百（500）港元

4. 你们的价格比<u>我们从别处得到的报价</u>要高。

> 意大利的价格
> 加拿大商人的报价
> 瑞士的价格

**5.** 日本的报价就比较低。

| |
|---|
| 美国 |
| 澳大利亚 |
| 比利时 |

**6.** 结合质量考虑，我认为这个价格是合理的。

| | |
|---|---|
| 交货期， | 不高 |
| 数量， | 高 |
| 质量， | 低 |

**7.** 有的国家对这种商品正在削价抛售。

| |
|---|
| 日本 |
| 英国 |
| 印度 |

**8.** 在质量方面，其它牌号的商品很难和我们的相比。

| |
|---|
| 其它国家 |
| 其它地区 |
| 他们 |

**9.** 如果你们订货数量大，我们准备减价百分之二(2%)。

| |
|---|
| 百分之五（5%） |
| 百分之十（10%） |
| 一半 |

10. 我们只能降价百分之二，不能再多了。

> 百分之五（5%）
> 百分之十（10%）
> 百分之三（3%）

# 三、会话

## （一）

A：王先生，你们的价格那么高，我们很难以这个价格销售。

B：史密斯先生，您知道，从去年以来红茶价格已经上涨了。我们的价格和你们从别处得到的价格相比，是比较①优惠的。

A：我不能同意这点。印度已打进市场，他们的价格就比较低。

B：不过，茶业商都知道中国红茶质量高。结合质量考虑，我认为这个价格是合理的。

## （二）

A：你们的红茶质量高，这我不否认。但是目前市场竞争很激烈，我知道有的国家实际上正在削价抛售。

B：请相信，我们的商品还是有竞争力的。别的客户正在不断向我们购买呢。这说明，在香味儿和色泽两方面，其它国家的红茶很难和我们的相比。

A：不过，我认为客户很难接受你方的价格。

B：坦率地说，要不是为了我们的友好关系，我们本来是不愿意以②这个价格报实盘的。

A：好吧，为了达成交易，我们接受你方的价格。

## （三）

**A：** 为了成交，我们可以作些让步，不过要请您说明你们大概要订购的数量，以便我们对价格作相应的调整。

**B：** 我们要订的数量在很大程度上取决于③价格，还是④让我们先解决价格问题吧。

**A：** 好吧，如果你们订货数量很大，我们准备减价百分之二（2%）。

**B：** 为了促成交易，我认为至少得让百分之五（5%）才行。

**A：** 我们只能降价百分之二（2%），不能再多了。

## （四）

**A：** 这是我方对猪鬃的报盘：一百（100）箱五十七（57）毫米青岛猪鬃，每公斤××美元 C.I.F. 欧洲主要口岸价，一九九七年六月交货。报盘三(3)天有效。

**B：** 你方的价格比去年高出⑤了百分之二十五（25%）。

**A：** 您也清楚，几个月来猪鬃市价涨得很多。我方所报的价格和您从别处能获得的价格相比，还是较为便宜的。

**B：** 我不能同意您的说法。你们的价格比我们从别处得到的一些报价要高⑥。

**A：** 您必须要考虑到质量问题。同业中谁都知道中国猪鬃质地优于其它来源的供货。

## （五）

**A：** 谁都知道，我们的产品质量高。

**B：** 我不否认你们的猪鬃质量高。但还有人造制品的竞争，您恐怕不能无视这一点吧。这几年，人造制品的价格并没有多大⑦变化。

A：在某些用途方面，几乎没有东西可以代替猪鬃。这您是清楚的。所以尽管人造制品价格便宜，但对天然猪鬃的需求还在不断增加。

B：可是⑧，如果按这个价格买进，我方实在难以⑨ 推销。

A：说实话，要不是照顾双方的老关系，我们是不会以这样的价格向你方报实盘的。

B：唉，要说服客户以这个价格购买，对我们来说⑩是不容易的。不过看来也得试试了。


## 四、生词

1. 争议　　（动）　zhēngyì　　disagree

2. 红茶　　（名）　hóngchá　　black tea

3. 上涨　　（动）　shàng-　　rise
　　　　　　　　　zhǎng

4. 印度　　（专名）Yìndù　　India

5. 打进　　（动）　dǎjìn　　open

6. 茶业商　（名）　cháyè　　businessmen who deal
　　　　　　　　　shāng　　in tea

7. 质量　　（名）　zhìliàng　quality

8. 结合……考虑　　jiéhé…　　consider…with
　　　　　　　　　kǎolù

9. 否认　　（动）　fǒurèn　　deny

10. 竞争　　（动）　jìngzhēng　compete

11. 削价抛售　　　xiāo jià　sell at a reduced price
　　　　　　　　　pāoshòu

12. 竞争力　（名）　jìngzhēnglì competitiveness

13. 客户　　（名）　kèhù　　customer, end-user

| 14. | 香味儿 | （名） | xiāngwèir | sweet smell, flavour |
|-----|--------|---------|-----------|----------------------|
| 15. | 色泽 | （名） | sèzé | colour |
| 16. | 牌号 | （名） | páihào | brand |
| 17. | 说服 | （动） | shuōfú | persuade |
| 18. | 坦率 | （形） | tǎnshuài | frank |
| 19. | 达成 | （动） | dáchéng | conclude |
| 20. | 交易 | （名） | jiāoyì | business |
| 21. | 让步 | （动、名） | ràngbù | make concession |
| 22. | 相应 | （形） | xiāngyìng | accordingly, correspondingly |
| 23. | 减价 | （动） | jiǎnjià | cut the price |
| 24. | 促成 | （动） | cùchéng | make |
| 25. | 让 | （动） | ràng | let |
| 26. | 报盘 | （名） | bàopán | offer |
| 27. | 猪鬃 | （名） | zhūzōng | bristle |
| 28. | 毫米 | （量） | háomǐ | millimetre |
| 29. | 口岸 | （名） | kǒuàn | port |
| 30. | 市价 | （名） | shìjià | market price |
| 31. | 同业 | （名） | tóngyè | the same trade, persons in the same trade |
| 32. | 质地 | （名） | zhìdì | quality |
| 33. | 优于 | （动） | yōuyú | better than |
| 34. | 来源 | （名） | láiyuán | origin, source |
| 35. | 人造制品 | （名） | rén zào zhìpǐn | synthetic products |
| 36. | 无视 | （动） | wú shì | ignore, pay no attention to |

83

| 37. | 用途 | （名） | yòngtú | use |
|---|---|---|---|---|
| 38. | 天然 | （形） | tiānrán | natural |
| 39. | 买进 | （动） | mǎijìn | buy |
| 40. | 推销 | （动） | tuīxiāo | push the sale, sell |
| 41. | 食糖 | （名） | shítáng | sugar |
| 42. | 棉花 | （名） | miánhua | cotton |
| 43. | 桐油 | （名） | tóngyóu | tung oil |
| 44. | 石油 | （名） | shíyóu | petroleum |
| 45. | 磅 | （量） | bàng | pound |
| 46. | 斤 | （量） | jīn | jin |
| 47. | 公斤 | （量） | gōngjīn | kilogramme |
| 48. | 吨 | （量） | dūn | ton |
| 49. | 法郎 | （名） | fǎláng | franc |
| 50. | 便士 | （名） | biànshì | penny (pence) |
| 51. | 港元 | （名） | Gǎngyuán | Hong Kong Dollar |
| 52. | 意大利 | （专名） | Yìdàlì | Italy |
| 53. | 加拿大 | （专名） | Jiā'nádà | Canada |
| 54. | 瑞士 | （专名） | Ruìshì | Switzerland |
| 55. | 商人 | （名） | shāngrén | businessman |
| 56. | 澳大利亚 | （专名） | Àodàlìyà | Australia |
| 57. | 比利时 | （专名） | Bǐlìshí | Belgium |
| 58. | 交货期 | （名） | jiāohuòqī | time of delivery |
| 59. | 地区 | （名） | dìqū | district, region |

## 五、注释

### 1. 比较

　　表示具有一定的程度，常用副词"比较"，"较"，"较为"等。不用于否定式。"较"多修饰单音节形容词，一般用于书面。如：

84

The adverb "比较", "较" or "较为" is often used to modify adjectives, with the meaning of "to a certain extent in a comparative degree". These adverbs are not used in negative sentences. In written Chinese, the monosyllabic adjective is more often premodified by the adverb "较" than by the other adverbs. For example:

（1）贵方产品质量较好。

Your products are of better quality.

（2）日本手表价格较低。

The prices of Japanese watches are lower.

"较为" 常用于修饰双音节形容词。如：

"较为" is generally used to modify a disyllabic adjective. For example:

（3）这种花样较为理想。

This design is relatively ideal.

## 2. 以这个价格报实盘

表示"按照"、"用"、"拿"等意思时，可以用"以…＋动"的格式。如：

When a verbal phrase is preceded by the preposition "以", the phrase then becomes a conditional clause. The preposition conveys the meaning of "base on", "to take or to use… as a basis ". For example:

（1）以这种条件买进

to buy the goods under this condition

（2）以这种价格卖出

to sell the goods at this price

## 3. 取决于

在表示方面、原因、目的时，常在前面的形容词、动词后面用介词"于"，"于"有"在、对、由"等意思。如：

To indicate aspect, cause or purpose, the preposition "于" is generally placed after the adjective or the verb. The preposition "于" is somewhat similar to the English prepositions 'in', 'to', 'on'. For example:

（1）为便于计算（对）

(in order to make it easier to calculate)

（2）取决于行情（由）

(It depends on the market situation)

（3）生于1905年（在）

(born in 1905)

## 4. 还是

表示经过比较、考虑，有所选择，可用副词"还是"引出所选择的一项。如：

The adverb "还是" can be used to introduce the decision carefully chosen from the alternatives after thorough consideration and comparison. For example:

——我去找他。

I'll go and fetch him.

——不，还是我去吧，您在宾馆等我。

No. It's better for me to go. Please wait for me at the guest house.

## 5. 高出25%

表示超出或超过某种限度或标准，可在形容词后面加结果补语"出"。可带"了"，带表示范围、时间的名词。如：

The complement of result "出" is generally used after the adjective to express that something has exceeded a certain limit or a standard. It can take "了" and an object of time or scope. For example:

（1）这批货怎么多出了二十箱？

How come there are twenty cases extra in this consignment?

（2）今年的价格比去年高出10%。

The price this year is 10% higher than last year.

## 6. （比）…要高

进行比较，表示估计，可以用助动词"要"。"要"可以用在"比…"的前或后，也可以用在"得"后，意思不变。如：

"要" can be placed either in front of or after "比" in a comparison to make it less formal. If it is placed after "得", the meaning of the sentence remains the same. For example:

（1）他们要比你们订得多些。

They booked more than you did.

（2）他们比你们要订得多些。

（3）他们比你们订得要多些。

## 7. 多大

强调程度高、数量大，常用副词"多""多么"，多用于感叹句中。如：

The adverb "多"，"多么" is generally used to emphasize the extent or degree of something. It is mostly used in exclamatory sentences. For example:

（1）多好的质量呀！

How fine the quality is!

（2）多大的变化呀！

What a big change!

否定用"没有"，"没"。如：

"没有"，"没" is used to express the negative sense. For example:

（3）没有多大变化。

There isn't much difference.

## 8. 可是

表示转折，常用连词"可"、"可是"、"但是"、"但"、"然而"等引出同上文相对立的意思，或限制、补充上文的意思。上一小句常用"虽然"或"尽管"，后面常有"可、可是、但、但是、却、也、还、仍然"等词语。如：

The disjunctive conjunctions "可"，"可是"，"但"，"但是"，"然而" are very often used to introduce an opposite idea or a restriction or a complement. Usually the foregoing clause contains "虽然"，"尽管"，while the other one begins with "可""可是"，"但"，"但是"，and contains "却"，"也"，"还"，"仍然"。For example:

88

（1）（尽管）我们花了那么多时间谈判，可是仍然没有成交。

We still can't conclude the business, though we have spent so much time on it.

（2）佣金的问题已经提出，可（是）还没有解决。

We have brought up the matter of commission, but we haven't yet settled it.

## 9. 难以

动词"难以"，后面的宾语只能是动词。如：

The object of the verb "难以" can only be a verb. For example:

难以买进　It's difficult to buy in.

难以卖出　It's difficult to sell out.

难以推销　It's difficult to push the sale.

难以成交　It's difficult to conclude the business.

## 10. 对…来说

表示从某人、某事的角度来看，常用"对…来讲"、"对…来说"或"对…说来"。如：

"对…来讲"，"对…来说"，or "对…说来" are frequently used to express the meaning 'as far as one is concerned' or 'to consider things from a certain point of view'. For example:

对作生意的人来说，信用比什么都重要。

As far as businessmen are concerned, commercial integrity is more important than anything else.

# 第 七 课

## 价格争议（二）
### On Price (II)

## 一、句子

1. 您觉得我们的报价怎么样？

   Nín juéde wǒmen de bàojià zěnmeyàng?

   What do you think of our price?

2. 我觉得你们的价格比较高。

   Wǒ juéde nǐmen de jiàgé bǐjiào gāo.

   I'm afraid your price is quite high.

3. 因为燃料不断涨价，所以价格也不得不作些调整。

   Yīnwèi ránliào búduàn zhǎngjià, suǒyǐ jiàgé yě bùdebù zuò xiē tiáozhěng.

   We have to readjust our price because the price of fuel is constantly going up.

4. 如果把各种因素都加以考虑，您会发现我们的报价比别处的报价要低。

   Rúguǒ bǎ gè zhǒng yīnsù dōu jiāyǐ kǎolù, nín huì fāxiàn wǒmen de bàojià bǐ biéchù de bàojià yàodī.

   If you have taken everything into consideration, you may find our quotation lower than those you can get elsewhere.

5. 我们的价格比目前国际市场价格低得多。

Wǒmen de jiàgé bǐ mùqián guójì shìchǎng jiàge dī de duō.

Our price is much lower than that in the international market.

6. 请您把你方认为合适的价格谈一下。

Qǐng nín bǎ nǐfāng rènwéi héshì de jiàgé tán yíxià.

Can you give me your idea of an appropriate price for this commodity?

7. 我们认为每吨马赛船上交货价定为二百七十（270）法郎左右比较合理。

Wǒmen rènwéi měi dūn Mǎsài chuánshang jiāo-huòjià dìng wéi èr bǎi qī shí (270) fǎláng zuǒyòu bǐjiào hélǐ.

We think an appropriate price should be around 270 francs per ton, FOB Marseilles.

8. 我们无法接受你方的还盘。

Wǒmen wúfǎ jiēshòu nǐfāng de huánpán.

I'm afraid we can't accept your counterbid.

9. 我们的还盘是符合国际市场价格的。

Wǒmen de huánpán shì fúhé guójì shìchǎng jiàgé de.

Our counter-offer is in line with the price in the international market.

10. 有关这种商品的行情，我想您是清楚的。

Yǒuguān zhè zhǒng shāngpǐn de hángqíng, wǒ xiǎng nín shì qīngchu de.

I'm sure that you know the market price for this commodity very well.

11. 目前这种商品是供过于求。

Mùqián zhè zhǒng shāngpǐn shì gōng guò yú qiú.

At present the supply of this commodity exceeds the demand.

12. 如果你方接受我们的还盘，我们就劝用户向你方购买。

Rúguǒ nǐ fāng jiēshòu wǒmen de huánpán, wǒmen jiù quàn yònghù xiàng nǐfāng gòumǎi.

If you accept our counterbid, we'll persuade the end-user to place an order with you.

13. 我们的价格不能降到你方提出的水平。

Wǒmen de jiàgé bù néng jiàngdào nǐfāng tíchū de shuǐpíng.

I'm afraid we can't reduce our price to the level you have indicated.

14. 我认为双方坚持自己的价格是不明智的。

Wǒ rènwéi shuāngfāng jiānchí zìjǐ de jiàgé shì bù míngzhì de.

I think it unwise for both of us to insist on his own price.

15. 我们能不能双方都作些让步？

Wǒmen néng-bunéng shuāngfāng dōu zuò xiē ràngbù?

Can we each make some concession?

16. 我们双方各让多少？

Wǒmen shuāngfāng gè ràng duōshao?

How shall we compromise?

17. 我们双方各让一半。

Wǒmen shuāngfāng gè ràng yí bàn.

Let's meet each other half-way.

18. 在价格上我们只能每吨再减五（5）美元。

Zài jiàgéshang wǒmen zhǐ néng měi dūn zài jiǎn wǔ (5) měiyuán.

We can only make a reduction of US$5 per ton in the price.

19. 这是我方的最低报价，不能再让了。

Zhè shì wǒfāng de zuìdī bào jià, bù néng zài ràng le.

This is our lowest quotation. I'm afraid we can't go any further.

20. 如果你方能接受我们的数量，我们就接受你方的价格。

Rúguǒ nǐfāng néng jiēshòu wǒmen de shùliàng, wǒmen jiù jiēshòu nǐfāng de jiàgé.

If you can meet our needs, we'll accept your price.

21. 如果你们仍然坚持原来报价，我们就只好放弃这笔交易。

Rúguǒ nǐmen réngrán jiānchí yuánlái bàojià, wǒmen jiù zhǐhǎo fàngqì zhè bǐ jiāoyì.

I'm afraid we have to call the whole deal off if you still insist on your original quotation.

22. 对于这类商品，只有在价格合理时，我们才进口。

Duìyú zhèlèi shāngpǐn, zhǐyǒu zài jiàgé hélǐ shí, wǒmen cái jìnkǒu.

We won't import this kind of goods unless the price is reasonable.

23. 我们能不能成交，很大程度上要看你方的价格。

Wǒmen néng-bunéng chéngjiāo, hěn dà chéngdùshang yào kàn nǐfāng de jiàgé.

I think the business mainly depends on your price.

24. 如果你们答应提前交货，我们可以接受你方的价格。
Rúguǒ nǐmen dāying tíqián jiāohuò, wǒmen kěyǐ
jiēshòu nǐfāng de jiàgé.
We may accept your price only if you can make
an earlier shipment.

25. 就这样吧，我们同意以每吨五百（500）美元的价格
成交。
Jiù zhèyàng ba, wǒmen tóngyì yǐ měi dūn wǔ
bǎi (500) měiyuán de jiàgé chéngjiāo.
All right. We agree to conclude the transaction
at the price of US$500 per ton.

## 二、替换练习

1. 我觉得你们的价格比较高。

> 高一些
> 不合理
> 太高了

2. 因为燃料不断涨价，所以我们的价格也不得不作些调
整。

> 原料不断涨价
> 国际市场价格上涨了
> 成本提高了

3. 我们的价格比目前国际市场价格低得多。

> 纽约市场
> 伦敦市场
> 芝加哥市场

**4.** 我们认为每吨<u>马赛船上交货价为二百七十（270）法郎左右</u>比较合理。

| | |
|---|---|
| 蒲式耳， | 二十（20）马克 |
| 长吨， | 三百（300）加拿大元 |
| 短吨， | 二百五十（250）新加坡元 |

**5.** 我们的<u>还盘</u>是符合国际市场价格的。

| | |
|---|---|
| 报盘， | 香港市场 |
| 价格， | 澳洲市场 |
| 报价， | 美洲市场 |

**6.** 有关<u>这种商品</u>的行情，我想您是清楚的。

| |
|---|
| 铅矿砂 |
| 铝矿砂 |
| 煤炭 |

**7.** 目前这种商品是<u>供过于求</u>。

| |
|---|
| 供不应求 |
| 畅销货 |
| 滞销货 |

**8.** 我们双方各让<u>一半</u>。

| |
|---|
| 百分之十（10%） |
| 五十（50）美元 |
| 三十（30）日元 |

9. 在价格上我们只能每吨再减五（'5）美元。

| | |
|---|---|
| 加仑， | 澳大利亚元 |
| 配克， | 比利时法朗 |
| 夸脱， | 丹麦克朗 |

10. 对于这类商品，只有在价格合理时，我们才进口。

| |
|---|
| 电冰箱 |
| 录音机 |
| 轻工产品 |

11. 我们同意以每吨五百（500）美元的价格成交。

| | |
|---|---|
| 平方米， | 芬兰马克 |
| 平方码， | 意大利里拉 |
| 立方米， | 荷兰盾 |

## 三、会话

### （一）

A：史密斯先生，这已是我方的最低价格了。

B：如果是这样的话，那就没有什么必要再谈下去了，我们只好放弃这笔生意。

A：我的意思是说，我们的价格不能降到你方提出的水平，因为差距实在① 太大了。

B：我认为双方都坚持自己的价格是不明智的。能不能双方都作些让步？

A：双方各让②多少？

B：双方各让一半。

96

## （二）

A：你方提出的单价比我们的价格高出一百（100）美元，让咱们③各让一半吧。

B：您是说让我们在价格上再减五十（50）美元吗？这可办不到。

A：您的意见呢？

B：我们只能每吨再减五（5）美元，这可真④是最低价了。

A：这样还剩下二十（20）美元的差额呢？我们再一次各让一半吧，这样差额就可消除，生意也做成了。

B：这是我方的最低报价，不能再让了。

## （三）

A：您觉得我们的报价怎么样？

B：我觉得你们的价格比较高。

A：您知道，这几年燃料和原料不断涨价，所以生产成本涨得很多，因此，价格也不得不作些调整。

B：这点我们理解。不过，我们的还盘是符合国际市场行情的。

A：如果把各种因素都加以考虑，您会发现我们的报价比别处的报价要低。

B：有关化肥的行情，我想您是清楚的。目前这种商品是供过于求，而且这种情况还要延续很长一段时间。

A：要不⑤，这样吧，如果你方能接受我们的数量，我们就接受你方的价格。

## （四）

A：如果你方接受我们的还盘，我们就劝用户向你方购买。

B：那么您能告诉我你方需要的数量吗？

A：大约五万（50，000）吨左右。

B：行。王先生，我们接受你方对五万（50，000）吨硫酸铵的还盘，也就是每吨二百七十（270）法朗 **F·O·B.** 马赛。

A：谢谢，我们等待你方的确认。

## （五）

A：这是我们的报盘。您看我们的价格比目前国际市场价格要低得多吧。

B：我不同意您的意见。我们也收到了别家的报盘。您很清楚，我国的化工工业已迅速发展，我们主要靠国内生产的化肥。所以，对于这类商品，只有⑬在价格合理时，我们才进口一些。

A：那好吧，请您把你方认为合适的价格谈一下。

B：我认为每吨马赛船上交货价定为二百七十（270）法郎左右比较合理。

A：很遗憾，我们的价格和你方还盘间的差距太大。我们无法接受你方的还盘。

B：这样吧，如果你们答应提前交货，我们可以接受你方的价格。

## 四、生词

| | | | | |
|---|---|---|---|---|
| 1. 放弃 | （动） | fàngqì | give up, call it off |
| 2. 笔 | （量） | bǐ | a sum of (money) |
| 3. 降 | （动） | jiàng | lower |
| 4. 差距 | （名） | chājù | gap |
| 5. 坚持 | （动） | jiānchí | adhere to, insist on |
| 6. 明智 | （形） | míngzhì | wise |
| 7. 单价 | （名） | dānjià | unit price |

| | | | |
|---|---|---|---|
| 8. 各让一半 | | gè ràng yí bàn | meet each other half-way |
| 9. 减 | （动） | jiǎn | reduce |
| 10. 剩下 | （动） | shèngxia | the rest |
| 11. 差额 | （名） | chā'é | difference, balance |
| 12. 消除 | （动） | xiāochú | remove, clear up |
| 13. 燃料 | （名） | ránliào | fuel |
| 14. 原料 | （名） | yuánliào | raw material |
| 15. 涨价 | （动） | zhǎngjià | increase the price |
| 16. 涨 | （动） | zhǎng | increase |
| 17. 还盘 | （名） | huánpán | counter-offer |
| 18. 因素 | （名） | yīnsù | element, factor |
| 19. 加以 | （动） | jiāyǐ | in addition, moreover |
| 20. 供过于求 | | gōng guò yú qiú | supply exceeds demand |
| 21. 延续 | （动） | yánxù | go on, last, continue |
| 22. 用户 | （名） | yònghù | end-user |
| 23. 左右 | （名） | zuǒyòu | about |
| 24. 硫酸铵 | （名） | liúsuān'ān | ammonium sulphate |
| 25. 等待 | （动） | děngdài | wait for |
| 26. 确认 | （动） | quèrèn | confirm |
| 27. 意见 | （名） | yìjian | opinion |
| 28. 化工 | （名） | huàgōng | chemical |
| 29. 发展 | （动、名） | fāzhǎn | develop, development |
| 30. 化肥 | （名） | huàféi | chemical fertilizer |
| 31. 竞争性 | （名） | jìngzhēngxìng | competitiveness |
| 32. 答应 | （动） | dāying | agree |

| 33. | 交货 | （动） | jiāohuò | deliver the goods |
|---|---|---|---|---|
| 34. | 纽约 | （专名） | Niǔyuē | New York |
| 35. | 伦敦 | （专名） | Lúndūn | London |
| 36. | 芝加哥 | （专名） | Zhījiāgē | Chicago |
| 37. | 蒲式耳 | （量） | púshì'ěr | bushel |
| 38. | 长吨 | （量） | chángdūn | long ton |
| 39. | 短吨 | （量） | duǎndūn | short ton |
| 40. | 还价 | （动、名） | huánjià | counter-offer |
| 41. | 香港 | （专名） | Xiānggǎng | Hong Kong |
| 42. | 澳洲 | （专名） | Àozhōu | Australia |
| 43. | 铅矿砂 | （名） | qiān-kuàngshā | lead ore |
| 44. | 铝矿砂 | （名） | lǚkuàngshā | aluminium ore |
| 45. | 煤炭 | （名） | méitàn | coal and coke |
| 46. | 供不应求 | | gōng bù yìng qiú | demand exceeds supply |
| 47. | 滞销货 | （名） | zhìxiāohuò | goods unsaleable |
| 48. | 加仑 | （量） | jiālún | gallons |
| 49. | 配克 | （量） | pèikè | peck |
| 50. | 夸脱 | （量） | kuātuō | quart |
| 51. | 电冰箱 | （名） | diànbīngxiāng | refrigerator |
| 52. | 录音机 | （名） | lùyīnjī | recorder |
| 53. | 轻工产品 | （名） | qīnggōng chǎnpǐn | light industrial product |
| 54. | 平方米 | （量） | píngfāngmǐ | square metre |

| 55. 平方码 （量） | píngfāng-mǎ | square yard |
| 56. 立方米 （量） | lìfāngmǐ | cubic metre |
| 57. 澳大利亚元 | Àodàlìyà-yuán | Australian Dollar |
| 58. 比利时法朗 | Bǐlìshífǎ-láng | Belgian Franc |
| 59. 丹麦克朗 | Dānmài-kèláng | Danish Krone |
| 60. 芬兰马克 | Fēnlán-mǎkè | Finnish Markka |
| 61. 意大利里拉 | Yìdàlìlǐlā | Italian Lira |
| 62. 荷兰盾 | Hélándùn | (Florin) Guilder |

# 五、注释

## 1. 实在

强调某种情况的真实性，常用"实在"、"真"、"的确"等副词。如：

The adverbs "实在"，"真"，and "的确" are frequently used to emphasize the reality of something. For example:

我们这几天实在太忙，还没有来得及考虑您提出的问题。

Recently we have been really too busy, so we haven't yet considered your proposal.

## 2. 让

在争执或竞赛等情况中，把有利条件给对方，自己吃点亏，口语常用动词"让"。可带"了、着、过"，可重叠，可带名词宾语、双宾语。如：

The verb "让" is very often used in spoken Chinese to express the concession in an argument or in a competition. "让" (sometimes repeated) can take "了", "着", "过", or take an object or double object. For example:

（1）咱们也别再争了，双方都作些让步吧。

Let's not argue any more. Let both sides make some concessions.

（2）如果你方坚持不肯让价，订货的数量就会受影响了。

If you insist on not making any concessions, the quantity of the order will be affected.

（3）价格的问题上我们让了步，别的方面总该给些照顾吧。

As we have made a concession in price, we hope that you will accommodate us in other respects.

表示致使、容许、听任，也常用动词"让"。这时必带兼语。如：

The verb "让" is also used with a pivot noun (a noun that plays two functions in the sentence: the object of the verb "让" and the doer of another action). Then this sentence expresses allowance, resignation or the idea of making something happen. For example:

（4）来晚了，让您久等了！

I am late. Sorry to have kept you waiting for so long.

102

（5）您的建议，让我再仔细想一想。

Please, let me think your proposition over
carefully once again.

### 3. 咱们

称说话人和听话人双方，口语常用代词"咱们"。如：

The pronoun "咱们" is often used in spoken Chi-
nese to refer to both speakers and listeners. For ex-
ample:

（1）咱们今天就签合同，您有什么意见吗？

We are going to sign the contract today. What
do you think?

（2）咱们的合同什么时候能签署？

When can we sign the contract?

### 4. 真

表示实在、明确，口语常用副词"真"来加强肯定语
气。如：

The adverb "真" is frequently used in spoken Chinese
to emphasize the reality and explicitness of the fact.
For example.:

（1）这绸料真不错。

This kind of silk is really not bad at all.

（2）你们能生产这样精密的仪器，真不简单。

You can produce this kind of precision instru-
ments. It is not at all simple.

（3）您真能说，不愧是搞贸易的。

You are really eloquent and well deserve
to be a businessman

（4）这办法真解决问题。

This arrangement can really settle the problem.

## 5. 要不

表示"否则"、"如果不这样"，口语中常用"要不"、"要不然"、"不然"引进表示结果或结论的小句。后面可带"的话"，加强假设语气。如：

"要不"，"要不然"，"不然" are generally used in spoken Chinese to introduce a clause of result or conclusion, indicating an 'if not' or 'otherwise' case. The clause can end with "的话" for the emphasis of the suppositional mood. For example:

（1）幸亏来得早，要不然这批货就买不上了。

Fortunately we came here early, otherwise we would not have been able to buy the goods.

（2）他一定有事，要不的话，现在就已经回来了。

He must be engaged, or else he would have been back now.

（3）我看就买三个品种吧，要不，买两个也行。

I intend to buy three articles, if not, two articles will be all right.

（4）我们再等一会儿吧，要不他来了，到哪儿找我们去。

Let's wait for a while; if we don't, how can he find us when he comes.

104

**6. 只有…才…**

表示唯一的条件，非此不可，常用"只有"、"唯有"，后面多用副词"才"呼应。如：

"只有"，"唯有" is often used in a conditional clause to stress that this is the only choice and there is no other way out, and the other clause usually contains the adverb "才". For example:

只有在大量订货的情况下，我们才考虑给折扣。

We will consider giving a discount only if the order is big enough.

# 第 八 课
## 订 货
### Placing an Order

## 一、句子

1. 这种产品你们想订多少？
   Zhè zhǒng chǎnpin nimen xiǎng dìng duōshao?
   How many do you intend to order?

2. 我们想订八百（800）箱。
   Wǒmen xiǎng dìng bā bǎi (800) xiāng.
   I want to order 800 cases.

3. 我们只能供应五百（500）箱。
   Wǒmen zhǐnéng gōngyìng wǔ bǎi (500) xiāng.
   I'm sorry, we can only supply you with 500 cases.

4. 目前我们最多只能报五百（500）箱。
   Mùqián wǒmen zuìduō zhǐnéng bào wǔ bǎi (500) xiāng.
   The most we can offer you at present is 500 cases.

5. 我想今年供应不可能超过五百（500）箱了。
   Wǒ xiǎng jīnnián gōngyìng bù kěnéng chāoguò wǔ bǎi (500) xiāng le.
   I think we are able to supply you with no more than 500 cases this year.

6. 我们是作了特殊努力才能供应五百（500）箱的。

Wǒmen shì zuò le tèshū nǔlì cái néng gōng yìng wǔ bǎi (500) xiāng de.

We have tried our utmost to supply you with 500 cases.

7. 这种产品，希望下次你方能多供应些。

Zhè zhǒng chǎnpǐn, xīwàng xià cì nǐfāng néng duō gōngyìng xiē.

As regards this commodity, I hope you will be able to supply more next time.

8. 明年如果能够扩大供应，我们一定考虑你方的要求。

Míngnián rúguǒ nénggòu kuòdà gōngyìng, wǒmen yídìng kǎolù nǐfāng de yāoqiú.

We'll certainly keep your requirement before us if we are able to get more goods next year.

9. 如果你方订购五千（5,000）台以上，我们就削价百分之二（2%）。

Rúguǒ nǐfāng dìnggòu wū qiān (5,000) tái yǐshàng, wǒmen jiù xiāojià bǎi fen zhī èr (2%).

We can reduce our price by 2% if you order more than 5,000 pieces.

10. 我们就订购五千（5,000）台吧。

Wǒmen jiù dìnggòu wǔ qiān (5,000) tái ba.

All right. We'll order 5,000 pieces.

11. 你们这种产品的起订量是多少？

Nǐmen zhè zhǒng chǎnpǐn de qǐdìngliàng shì duōshao?

What is the minimum quantity of an order for your goods?

12. 这种产品的起订量是五百（500）盒。

Zhè zhǒng chǎnpǐn de qǐdìngliàng shì wǔ bǎi (500) hé.

The minimum quantity of an order for the goods is 500 cases.

13. 由于国内行情有变化，这种商品我们打算取消订货。

Yóuyú guónèi hángqíng yǒu biànhuà, zhè zhǒng shāngpǐn wǒmen dǎsuàn qǔxiāo dìnghuò.

We'd like to cancel the order for the goods because of the change in the home market.

14. 这种产品我们增订十五万（150,000）码。

Zhè zhǒng chǎnpǐn wǒmen zēngdìng shí wǔ wàn (150,000) mǎ.

We would like to increase the order for this product by 150,000 yards.

15. 我们要求的数量能不能满足呢？

Wǒmen yāoqiú de shùliàng néng-bunéng mǎnzú ne?

Can you meet our requirement?

16. 你们要求的数量，我们无法满足。

Nǐmen yāoqiú de shùliàng, wǒmen wúfǎ mǎnzú.

I'm afraid we are not able to supply as much as you require.

17. 我建议你把订单的数量削减一半，怎么样？

Wǒ jiànyì nǐ bǎ dìngdān de shùliàng xuējiǎn yí bàn, zěnmeyàng?

May I suggest that you cut the quantity of your order by half?

18. 要搞到大数量的这种货物，并在近期内交货，是不容易的。

Yào gǎodào dà shùliàng de zhè zhǒng huòwù, bìng zài jìnqīnèi jiāo huò, shì bù róngyì de.

It is very difficult for us to get the goods in large quantity as well as make prompt shipment.

19. 我建议你们购买这种商品。

Wǒ jiànyì nǐmen gòumǎi zhè zhǒng shāngpǐn.

I suggest that you buy this product.

20. 这种商品的供应情况好一些。

Zhè zhǒng shāngpǐn de gōngyìng qíngkuàng hǎo yì xiē.

The supply position of this product is better.

21. 如果你们订购这种商品，我们可以按你们所需要的数量供应。

Rúguǒ nǐmen dìnggòu zhè zhǒng shāngpǐn, wǒmen kěyǐ àn nǐmen suǒ xūyào de shùliàng gōngyìng.

If you want to purchase this product, we are able to supply as much as you require.

22. 你们最多能供应我们多少？

Nǐmen zuìduō néng gōngyìng wǒmen duōshao?

How many can you supply us with?

23. 我们只能按昨天的报价供应你们一千（1,000）吨。

Wǒmen zhǐnéng àn zuótiān de bàojià gōngyìng nǐmen yì qiān (1,000) dūn.

We can only supply you with 1,000 metric tons at the price we quoted you yesterday.

24. 如果你能说服你们用户接受这种商品的话，我们可以多供应一些。

Rúguǒ nǐ néng shuōfú nǐmen yònghù jiēshòu zhè zhǒng shāngpǐn de huà, wǒmen kěyǐ duō gōngyìng yì xiē.

We may be able to supply an additional quantity if you can persuade your end-user to buy this commodity.

25. 这次我们就订购五百（500）箱吧。
   Zhè cì wǒmen jiù dìnggòu wǔ bǎi (500) xiāng ba.
   We'll buy 500 cases this time.

## 二、替换练习

1. 这种产品你们想订多少？

| 打算 |
| 准备 |
| 要 |

2. 我们想订八百（800）箱。

| 一千（1000）听 |
| 五百（500）打 |
| 三百五十（350）盒 |

3. 我们只能供应五百（500）箱。

| 一千五百（1500）瓶 |
| 三千（3000）袋 |
| 五万（50000）桶 |

4. 这种产品，希望下次你方能多供应些。

| 罐头啤酒 |
| 这种衬衫 |
| 这种毛衣 |

110

5. 如果你方订购五千（5000）台以上，我们就削价百分之二（2%）。

> 三百（300）辆，　百分之三（3%）
> 一千（1000）把，　百分之十（10%）
> 五百（500）张，　百分之一（1%）

6. 你们这种产品的起订量是多少？

> 红茶
> 乌龙茶
> 绿茶

7. 这种产品的起订量是五百（500）盒。

> 两（2）吨
> 五（5）公担
> 五百（500）公斤

8. 由于国内行情有变化，这种商品我们打算取消订货。

> 接到公司电报，　增加
> 资金有了问题，　减少

9. 这种产品我们增订十五万（150,000）码。

> 双绉01品种，　增加
> 斜纹绸02品种，减少
> 乔其纱03品种，增订

111

10. 我建议你把订单的数量削减一半，怎么样？

> 一千（1,000）码
> 五千（5,000）吨
> 三百（300）公斤

## 三、会话

### （一）

A：这种茶叶你们想订多少？

B：我们想订八百（800）箱。

A：对不起①，这次我们只能供应五百（500）箱。

B：这太少了。去年我们销售了七百（700）箱，今年肯定能销得更多。我希望你们至少②能报八百（800）箱。

A：国内外市场成交量迅速增加，我们的生产已赶不上需求。所以目前我们最多只能报五百（500）箱。

### （二）

A：如果我不能充分供应市场的话，我的顾客势必会从别处购货。

B：很抱歉，我想今年供应不可能超过五百（500）箱了。实际上，我们也是作了特殊努力才能供应五百（500）箱的。

A：好吧。这次我们就订购五百（500）箱，希望下次你方能多供应些。

B：明年如果能够扩大供应，我们一定考虑你方的要求。

## （三）

**A：** 先生，这样吧③，如果你方订购五千(5,000)台以上，我们就削价百分之二（2%）。

**B：** 好吧。那我们就订购五千（5,000）台吧。

**A：** 我重复一下，五千（5,000）台"春雷"牌半导体收音机，规格根据我方目录，每台四十（40）元人民币 C．I．F 达累斯萨拉姆。

**B：** 好。谢谢您的合作。王先生，顺便问一句④，你们"三五"牌 R14 型电池的起订量是多少？

**A：** 这种型号电池的起订量是五百（500）盒。每盒装二十（20个）。

## （四）

**A：** 王先生，很抱歉，公司通知我，由于国内市场行情有变化，昨天谈的双绉08品种我们打算取消订货。

**B：** 噢⑤，是这样。别的品种呢？还有没有变化了？

**A：** 乔其纱02品种我们增订十五万码。这样我们的成交额基本不变。

**B：** 好吧。我记下⑥了。

## （五）

**A：** 您知道。目前兽脂行市形势看涨，十分坚挺，世界其它地区客户的需求量很大。最近，虽然有货币危机，但行市也不见疲软。所以要搞⑦到大数量的兽脂，并在近期内交货，是不容易的。

**B：** 这么说我们要求的数量无法满足喽？

**A：** 不过您也许记得我曾经建议你们考虑桶装兽脂。这种商品的供应情况好一些。如果你们订购这种商品，我们可以按你们所需要的数量供应。

B：对桶装兽脂我们不感兴趣，因为价格比散装的更高。

A：那么，大数量的货眼前没有。根据目前的形势，我们只能按昨天的报值供应你们一千吨散装兽脂。如果你能说服你们用户接受桶装兽脂的话，我们可以多供应一些，比如三千吨吧。

## 四、生词

| | | | | |
|---|---|---|---|---|
| 1. | 订 | （动） | dìng | book, order |
| 2. | 销 | （动） | xiāo | sell |
| 3. | 成交量 | （名） | chéngjiāo-liàng | volume of business |
| 4. | 需求 | （名、动） | xūqiú | needs, demand |
| 5. | 顾客 | （名） | gùkè | customer |
| 6. | 势必 | （副） | shìbì | be bound to, certainly will |
| 7. | 购货 | （动） | gòuhuò | purchase goods |
| 8. | 削价 | （动） | xiāo jià | cut the price |
| 9. | "春雷"牌儿 | （专名） | "Chūnléi" páir | "Spring Thunder" brand |
| 10. | 半导体 | （名） | bàndǎotǐ | semi-conductor (transistor) |
| 11. | 收音机 | （名） | shōuyīnjī | radio |
| 12. | 人民币 | （名） | rénmínbì | Renminbi (RMB) |
| 13. | 元 | （量） | yuán | yuan |
| 14. | 达累斯萨拉姆 | （专名） | Dáilèisīsā-lāmǔ | Dar-es-Salaam |
| 15. | 顺便 | （副） | shùnbiàn | by the way |
| 16. | "三五"牌儿 | （专名） | "Sānwǔ" páir | "555" brand |

114

| 17. | 电池 | （名） | diànchí | battery |
|---|---|---|---|---|
| 18. | 起订量 | （名） | qǐdìng-liàng | the minimum quantity (of an order) |
| 19. | 盒 | （量） | hé | box |
| 20. | 双绉 | （名） | shuāng-zhòu | crêpe |
| 21. | 取消 | （动） | qǔxiāo | cancel |
| 22. | 建议 | （动、名） | jiànyì | suggest, suggestion |
| 23. | 订单 | （名） | dìngdān | order sheet |
| 24. | 削减 | （动） | xuējiǎn | decrease, cut |
| 25. | 摆脱 | （动） | bǎituō | break away from, free oneself from |
| 26. | 乔其纱 | （名） | qiáoqíshā | georgette |
| 27. | 增订 | （动） | zēngdìng | enlarge |
| 28. | 减少 | （动） | jiǎnshǎo | decrease |
| 29. | 兽脂 | （名） | shòuzhī | tallow |
| 30. | 行市 | （名） | hángshì | market prices |
| 31. | 看涨 | （动） | kànzhǎng | rise, tend upward |
| 32. | 坚挺 | （形） | jiāntǐng | firm |
| 33. | 货币 | （名） | huòbì | currency |
| 34. | 危机 | （名） | wēijī | crisis |
| 35. | 疲软 | （形） | píruǎn | weak |
| 36. | 近期 | （名） | jìnqī | in the near future |
| 37. | 交货 | （动） | jiāohuò | deliver the goods |
| 38. | 无法 | （副） | wúfǎ | cannot |
| 39. | 满足 | （动） | mǎnzú | satisfy |
| 40. | 桶装 | （名） | tǒng-zhuāng | in drums |

| 41. | 散装 | （名） | sǎnzhuāng | in bulk |
|---|---|---|---|---|
| 42. | 货 | （名） | huò | goods |
| 43. | 听 | （量） | tīng | tin |
| 44. | 打 | （量） | dá | dozen |
| 45. | 罐头 | （名） | guàntou | can, tin |
| 46. | 啤酒 | （名） | píjiǔ | beer |
| 47. | 乌龙茶 | （专名） | Wūlóngchá | Wulong tea |
| 48. | 绿茶 | （名） | lǜchá | green tea |
| 49. | 公担 | （量） | gōngdàn | quintal |
| 50. | 斜纹绸 | （名） | xiéwén-chóu | silk twill |

## 五、注释

### 1. 对不起

表示歉意，口语中常用"对不起"，"真对不起"，"太对不起了"，"实在对不起"或"抱歉"，"很抱歉"，"抱歉得很"，"真抱歉"，"十分抱歉"，"非常抱歉"，"实在抱歉"等。

"对不起"，"真对不起"，"太对不起了"，"实在对不起"，or"抱歉"，"很抱歉"，"抱歉得很"，"真抱歉"，"十分抱歉"，"非常抱歉"，"实在抱歉" are the phrases normally used in spoken Chinese to express regret or apology.

### 2. 至少

表示最低限度，常用副词"至少"，可以用在动词、数量词前，也可用在主语前，常有停顿。如：

The adverb "至少" can be placed before verbs or measure words to indicate the minimum. There is a pause after it when it is placed at the front of the sentence. For example:

（1）丝绸每个品号至少买二千码。

    For each article of silk fabric, the minimum quantity for an order is 2,000 yards.

（2）这种丝绸每码至少20美元。

    The price for this kind of silk fabric is at least US$20 per yard.

（3）至少，你们应该听听买主的意见。

    You should at least listen to the buyers' comments.

### 3. 这样吧

在表示建议时，为使语气委婉些，可以在句首单用"这样吧"。如对方附议，可说"行"，"好"或"就这样吧"。如对方反对，不同意，可说"这不行"，"这不好"。如

"这样吧" can stand independently at the beginning of a suggestion in order to make its tone mild. If the suggestion is going to be accepted, "行"，"好" or "就这样吧" are the words normally used in reply; otherwise, "这不行" or "这不好" can be used to express the negative. For example:

    ——这样吧，明天我再把实盘带来。

    —Let's say I bring a firm offer here tomorrow.

——好。

— Fine.

## 4. 顺便问一句

在向别人询问时，为使语气和缓，可以用"我想问一下"，"我想打听一下"或"顺便问一句"，"顺便问一下"等引出话题。

"我想问一下"，"我想打听一下"，"顺便问一句"，"顺便问一下" can be used to begin an inquiry and give a mild tone to the expression.

## 5. 噢

表示了解或领悟某事时，口语常用"噢"(ō)，"喔"(ō)，"哦"(ò)等叹词。如：

Exclamatory words such as "噢"，"喔"，"哦" are very often used in spoken Chinese to express sudden feelings or emotions such as understanding, or realizing the truth. For example:

（1）噢，您就是史密斯先生。

Well, you are Mr. Smith.

（2）喔，我懂了。

Oh, I understand now.

（3）哦，我想起来了，上次广交会咱们打过交道。

Oh, I remember that we met each other at the Guangzhou Fair last time.

**6. 记下了**

表示动作完成并使结果固定下来，常在动词后用结果补语 "下"。如：

The complement of result "下" is generally placed after the verb to indicate a finished action and to show the final result. For example:

（1）这次洽谈，为今后的往来，打下了良好的基础。

The negotiations have built a solid foundation for future business dealings.

（2）这是他留下的地址，便于今后联系。

This is the address he has left here for future contact.

**7. 搞**

口语中常使用动词 "搞"，"搞" 可代替各种不同的动词，常随不同的宾语而有不同的意义。最常见的有 "做，弄，干" 等意思。如：

In spoken Chinese, the verb "搞" can be used in place of many kinds of verbs. It changes its meaning with the object it takes. Usually the meaning of this word is 'to make', 'to get' or 'to work' For example:

搞贸易（从事贸易工作）

(to be engaged in foreign trade work)

搞个计划（制定计划）

(to make out a plan)

搞些钱来（筹备资金）

(to raise funds)

# 第 九 课

## 折 扣
### Discount

## 一、句子

1. 我想跟你们商量一下折扣问题。
   Wǒ xiǎng gēn nǐmen shāngliang yíxià zhékòu wèntí.
   I'd like to discuss the matter of discount with you.

2. 关于折扣你们是怎么考虑的?
   Guānyú zhékòu nǐmen shì zěnme kǎolǜ de?
   What would you say about a discount?

3. 原则上,我们一般是不给折扣的。
   Yuánzéshang, wǒmen yìbān shì bù gěi zhékòu de.
   In principle, we usually don't allow any discount.

4. 我们从别处买这么多货,人家都给百分之二(2%)到百分之三(3%)的折扣。
   Wǒmen cóng biéchù mǎi zhème duō huò, rénjiā dōu gěi bǎi fēn zhī èr (2%) dào bǎi fēn zhī sān (3%) de zhékòu.
   When we book such a large order with other suppliers, we usually get a 2% to 3% discount.

5. 经销这种制品，我方利润额很小。

Jīngxiāo zhè zhǒng zhìpǐn, wǒfāng lìrùn'é hěn xiǎo.

We get little profit from selling this product.

6. 我们不能再给折扣了。

Wǒmen bù néng zài gěi zhékòu le.

I'm afraid we can't give you a further discount.

7. 我们买这么多的货，折扣多少还是要给的吧。

Wǒmen mǎi zhème duō de huò, zhékòu duōshǎo háishì yào gěi de ba.

We've ordered such a large quantity that a discount, no matter how little, should be allowed.

8. 对于这种商品，我们一般不给折扣。

Duìyú zhè zhǒng shāngpǐn, wǒmen yìbān bù gěi zhékòu.

As a rule, we don't allow any discount for this commodity.

9. 买这么多的货，你们一般给多少折扣？

Mǎi zhème duō de huò, nǐmen yìbān gěi duōshao zhékòu?

How much discount do you usually allow when such a large order is placed?

10. 买一千台，我们一般只给百分之一（1%）的折扣。

Mǎi yì qiān tái, wǒmen yìbān zhǐ gěi bǎi fēn zhī yī (1%) de zhékòu.

We usually allow 1% discount for an order of 1,000 pieces.

11. 我们从欧洲出口商那里经常得到百分之三（3%）的折扣。

Wǒmen cóng Ōuzhōu chūkǒushāng nàli jīngcháng dédào bǎi fēn zhī sān (3%) de zhékòu.

We usually get 3% discount from the European exporters.

12. 我们认为至少得给百分之二（2%）的折扣。
    Wǒmen rènwéi zhìshǎo děi gěi bǎi fēn zhī èr (2%) de zhékòu.
    We hold that at least 2% discount should be allowed.

13. 我们破例给你们百分之二（2%）的折扣。
    Wǒmen pòlì gěi nǐmen bǎi fēn zhī èr (2%) de zhékòu.
    We'll give you a 2% discount as an exception to our usual practice.

14. 如果你们同意给百分之四（4%）的折扣，我们可以立即成交。
    Rúguǒ nǐmen tóngyì gěi bǎi fēn zhī sì (4%) de zhékòu, wǒmen kěyǐ lìjì chéngjiāo.
    We can conclude the transaction with you right away if you agree to give us a 4% discount.

15. 给你们百分之三（3%）的折扣，可以吧?
    Gěi nǐmen bǎi fēn zhī sān (3%) de zhékòu, kěyǐ ba?
    What do you think of a 3% discount?

16. 百分之三（3%）的折扣是不是少了一点儿?
    Bǎi fēn zhī sān (3%) de zhékòu shì-bushì shǎo le yìdiǎnr?
    Don't you think a 3% discount is too little?

17. 百分之三（3%）的折扣已经不少了。
    Bǎi fēn zhī sān (3%) de zhékòu yǐjīng bù shǎo le.
    3% discount is already substantial.

18. 我们认为折扣不能少于百分之五（5%）。
    Wǒmen rènwéi zhékòu bùnéng shǎoyú bǎi fēn zhī wǔ (5%).
    We think the discount should be no less than 5%.

19. 我们的报价已是最低价，折扣不能再多给了。

Wǒmen de bàojià yǐ shì zuì dī jià, zhékòu bù néng zài duō gěi le.

As we have quoted you our rock-bottom price, we cannot give you any more discount.

20. 如果不给百分之三（3%）的折扣，我们就很难成交。

Rúguǒ bù gěi bǎi fēn zhī sān (3%) de zhékòu, wǒmen jiù hěn nán chéngjiāo.

I'm afraid we can't come to terms if you won't give us a 3% discount.

21. 如果你们增加六千（6,000）块，我们就同意给你们百分之三（3%）的折扣。

Rúguǒ nǐmen zēngjiā liùqiān (6,000) kuài, wǒmen jiù tóngyì gěi nǐmen bǎi fēn zhī sān (3%) de zhékòu.

We'll agree to give you a 3% discount if you increase your order by 6,000 pieces.

22. 我们订购的这批羽绒制品，你们打算给多少折扣？

Wǒmen dìnggòu de zhè pī yǔ róng zhìpǐn, nǐmen dǎsuàn gěi duōshao zhékòu?

How much discount do you intend to allow us for this order of feather goods?

23. 我们只能给你百分之一（1%）的折扣。

Wǒmen zhǐ néng gěi nǐ bǎi fēn zhī yī (1%) de zhékòu.

We can only allow you a 1% discount.

24. 这种商品是你们的新产品，为了打开市场，你们是不是考虑多给一些折扣？

Zhè zhǒng shāngpǐn shì nǐmen de xīn chǎnpǐn, wèile dǎkāi shìchǎng, nǐmen shì-bushì kǎolǜ duō gěi yì xiē zhékòu?

Would you consider increasing the discount to open
the market, as this is a new product of yours?

25. 考虑到这种商品是新产品，我们再增加百分之一的折
扣。

Kǎolùdào zhè zhǒng shāngpǐn shì xīn chǎnpǐn, wǒmen
zài zēngjiā bǎi fēn zhī yī （1%）de zhékòu.

Considering this is a new product, we'll allow you
a further 1% discount.


## 二、替换练习

1. 我想跟你们商量一下折扣问题。

> 讨论一下
> 谈谈
> 商谈一下

2. 我们从别处买这么多货，人家都给百分之二（2%）到
百分之三（3%）的折扣。

> 西德
> 香港
> 新加坡

3. 对于这种商品，我们一般不给折扣。

> 棉花
> 电子计算机
> 山羊板皮

124

4. 买一千台，我们一般只给百分之一（1%）的折扣。

> 五百辆，百分之二
> 三千套，百分之三
> 一万支，百分之五

5. 我们从欧洲出口商那里经常得到百分之三（3%）的折扣。

> 大洋洲
> 西班牙
> 瑞典

6. 我们认为至少得给百分之二（2%）的折扣。

> 百分之三（3%）
> 百分之五（5%）
> 百分之一（1%）

7. 百分之三（3%）的折扣是不是少了一点儿？

> 百分之一（1%），　太少了
> 百分之二（2%），　太可怜了
> 百分之五（5%），　少一些

8. 百分之三（3%）的折扣已经不少了。

> 百分之二（2%），　够多的了
> 百分之一（1%），　是照顾了
> 百分之五（5%），　是破例了

9. 如果你们增加六千（6,000）块，我们就同意给你们百分之三（3%）的折扣。

| | | |
|---|---|---|
| 订购， | 一千吨， | 百分之二 |
| 买， | 一万双， | 百分之三 |
| 增加， | 五百箱， | 百分之一 |

10. 考虑到这种商品是新产品，我们再增加百分之一的折扣。

| |
|---|
| 这种商品在淡季出售 |
| 这种商品是季节性商品 |
| 你们订购的数量较大 |

# 三、会话

## （一）

A：王先生，这次我们订的货不算少吧？

B：一万（10,000）包并① 不算多，香港商人一次就订五万（50,000）包。

A：别开玩笑了②，一万（10,000）包可也不算少了，买这么多的货，你们一般给多少折扣？

B：对于棉花这种商品，我们一般不给折扣。

## （二）

A：王先生，关于折扣你们是怎么考虑的？我们从别处买这么多货，人家③ 都给百分之二（2%）到百分之三（3%）的折扣。

126

**B：** 你们订的都是我们的畅销货，报价又都是最优惠的，我们不能再给折扣了。

**A：** 我们从欧洲出口商那里经常得到百分之三（3%）的折扣。我们买这么多的货，折扣多少还是要给的吧。

**B：** 原则上，我们一般是不给折扣的。况且④我们的报价已是最低的，有的我们还作了让步。所以这次不能再给折扣了。

**A：** 那太遗憾了⑤。

## （三）

**A：** 伊藤先生，这种型号的电子计算机，我们订购了一千（1000）台。关于折扣，你们是怎么考虑的？

**B：** 买一千（1000）台，我们一般只给百分之一（1%）的折扣。

**A：** 我们从西德买这么多货，人家都给百分之二（2%）的折扣。

**B：** 我们的报价已是最低价，折扣不能再多给了。

**A：** 我们认为至少得给百分之二（2%）的折扣。不然，我们只好从别处购买了。

**B：** 好吧，我们破例给你们百分之二（2%）的折扣。

## （四）

**A：** 王先生，这种釉面瓷砖的价格还是⑥高了一些。不过，如果你们同意给百分之四（4%）的折扣，我们可以立即成交。

**B：** 这要看你们订购的数量了。

**A：** 我们订购五万（50,000）块。

**B：** 订购五万（50,000）块，我们一般给百分之三（3%）的折扣。

A：百分之三（3%）的折扣是不是少了一点儿？

B：如果你们增加六千（6,000）块，我们就同意给你们百分之四（4%）的折扣。

A：就这样吧⑦，我们接受你们的数量，就增加六千（6,000）块。

## （五）

A：王先生，我想跟你们商量一下折扣问题。

B：好的。

A：我们订购的这批羽绒制品，你们打算给多少折扣？

B：这次你们订购的数量不大，所以我们只能给百分之一（1%）的折扣。

A：羽绒制品是你们的新产品，为了打开市场，你们是不是考虑多给一些折扣？

B：你们的要求是合理的。这样吧，考虑到这点，我们再增加百分之一的折扣。

A：那就是百分之二的折扣喽？

B：是的。

## 四、生词

| | | | | |
|---|---|---|---|---|
| 1. | 折扣 | （名） | zhékòu | discount |
| 2. | 包 | （量） | bāo | bale |
| 3. | 货 | （名） | huò | goods |
| 4. | 双 | （量） | shuāng | pair |
| 5. | 棉花 | （名） | miánhua | cotton |
| 6. | 考虑 | （动） | kǎolǜ | consider |
| 7. | 别处 | （名） | biéchù | elsewhere |

128

| | | | |
|---|---|---|---|
| 8. 到 | （介） | dào | to |
| 9. 出口商 | （名） | chūkǒu-shāng | exporter |
| 10. 原则上 | | yuánzé-shang | in principle |
| 11. 况且 | （连） | kuàngqiě | in addition, what's more |
| 12. 电子计算机 | （名） | diànzǐ jì-suànjī | electronic computer |
| 13. 西德 | （专名） | Xīdé | West Germany |
| 14. 认为 | （动） | rènwéi | think |
| 15. 至少 | （副） | zhìshǎo | at least |
| 16. 破例 | | pòlì | exceptional |
| 17. 釉面瓷砖 | （名） | yòumiàn cízhuān | glazed wall tile |
| 18. 成交 | （动） | chéngjiāo | conclude the business |
| 19. 羽绒制品 | （名） | yǔróng zhìpǐn | feather goods |
| 20. 打算 | （动） | dǎsuan | intend |
| 21. 制品 | （名） | zhìpǐn | products |
| 22. 利润额 | （名） | lìrùn'é | profit margin |
| 23. 季节性 | （名） | jìjiéxìng | seasonal |
| 24. 淡季 | | dànjì | slack season |
| 25. 出售 | （动） | chūshòu | sell |
| 26. 商谈 | （动） | shāngtán | talk, discuss |
| 27. 新加坡 | （专名） | Xīnjiāpō | Singapore |
| 28. 山羊板皮 | （名） | shānyáng bǎnpí | goat skin |

| 29. 辆 | （量） | liàng | set |
| 30. 套 | （量） | tào | suite, set |
| 31. 支 | （量） | zhī | (measure word) |
| 32. 大洋洲 | （专名） | Dàyáng-zhōu | Australia |
| 33. 西班牙 | （专名） | Xībānyá | Spain |
| 34. 瑞典 | （专名） | Ruìdiǎn | Sweden |
| 35. 可怜 | （形） | kělián | pitiful |
| 36. 够 | （动） | gòu | reach, be up to |

## 五、注释

### 1. 并不算多

为了加强否定的语气，口语常在"不、没（有）、未、无、非"等前边加副词"并"。常用于表示转折的句子中，有否定某种看法，说明真实情况的意味。如：

In a disjunctive sentence, to obtain a negative mood, the adverb "并" can be placed before the negative words "不"，"没（有）"，"未"，"无"，"非" to refute a certain view and to indicate the reality. For example:

（1）关于折扣的问题，我们之间并没有什么分歧。

As to discount, there is practically no dispute between you and me.

（2）您说的这件事，贵公司并没通知我们。

You haven't informed us of the matter you have just mentioned.

130

## 2．别开玩笑了

在较熟悉的朋友或同事间，表示不同意、不相信或反对对方的话或意见，常用"别开玩笑了"，"你这是开玩笑吧"，"别打岔了"等话来敷衍、应酬，使语气显得轻松随便。

"别开玩笑了"，"你这是开玩笑吧"，"别打岔了" are frequently heard among close friends or colleagues to express objection, disagreement or disbelief in a routine and casual way.

## 3．人家

泛称说话人和听话人以外的人，所说的人已见于上文，这时口语常用"人家"代替。意思大致相当于"他"或"他们"。如：

In spoken Chinese "人家" is the most common word used to mean people in general excluding the speakers and listeners. It is somewhat similar to the English word "he or she", or, "they". For example:

（1）你把报价单快给人家送去吧。

　　 Will you please send this quotation sheet to them at once?

（2）人家来电话催过好几次了。

　　 They have rung up several times to ask for it.

## 4．况且

表示进一步申述理由或追加理由，可用连词"况且"、"何况"，常和"又、也、还"等配合使用。如：

The conjunction "况且" or "何况" normally comes first in a clause which usually contains "又"，"也"

or "还" to indicate an additional opinion or reason. For example:

这种绸料质量好，况且价格也不贵，可以买一批。
This kind of silk is superior in quality. Furthermore it is not expensive and we might buy a batch.

## 5. 那太遗憾了

在交际中，表示不称心，大可惋惜，在外交中，表示不满和抗议，常用"遗憾"，"太遗憾了"，"那太遗憾了"，"十分遗憾"，"非常遗憾"或"令人遗憾"，"至为遗憾"，"深表遗憾"等外交辞令。

"遗憾"，"太遗憾了"，"那太遗憾了"，"十分遗憾"，"非常遗憾"，"令人遗憾"，"至为遗憾"，"深表遗憾" are diplomatic terms communicating disappointment or pity in social discourse, or, in foreign affairs, expressing dissatisfaction or protest.

## 6. 还是

表示动作或状况不因有某种情况而改变，常用连词"还是"，"还"。前一小句常用"虽然"，"尽管"，"即使"与之呼应。如：

As a conjunction "还是"，"还" can also be used with "虽然"，"尽管"，"即使" in the previous clause to indicate that an action or a state of affairs remains the same under all circumstances. For example:

（1）虽然价格比去年高，但这种货还是卖得出去的。
Although the prices are higher than last year, this kind of goods is still saleable.

（2）尽管时间很短，但我们还打算谈这笔生意。

　　Time is short, but we still intend to discuss
this transaction.

## 7. 就这样吧

　　承接对方的话，表示认可，常用"就…吧"的格式。如：

The pattern "就…吧" can be used to express resignation. For example:

（1）你们需要的品种，就这么订吧。

　　All right. We will book your order for this
article.

（2）就这样吧，你回去和老板商量商量。

　　All right. You go back and consult your boss.

**133**

# 第 十 课

## 佣 金
### Commission

## 一、句子

1. 我想打听一下佣金问题。

   Wǒ xiǎng dǎting yíxià yòngjīn wèntí.

   I'd like to ask about the matter of commission.

2. 不知你们对佣金是怎么规定的?

   Bù zhī nǐmen duì yòngjīn shì zěnme guīdìng de?

   What is your usual practice in giving commission?

3. 佣金,我们通常按成交额的百分之几计算。

   Yòngjīn, wǒmen tōngcháng àn chéngjiāo'é de bǎi fēn zhī jǐ jìsuàn.

   Commission is usually given as a percentage of the total value of a transaction.

4. 我们很关心佣金问题。

   Wǒmen hěn guānxīn yòngjīn wèntí.

   We are very much concerned about the question of commission.

5. 我们一般不给佣金。

   Wǒmen yìbān bù gěi yòngjīn.

   We usually don't allow any commission.

6. 不给佣金不符合国际贸易惯例。

Bù gěi yòngjīn bù fúhé guójì màoyì guànlì.

It does not conform with international trade practice not to allow a commission.

7. 我们是通过取得佣金来进行商业活动的。

Wǒmen shì tōngguò qǔdé yòngjīn lái jìnxíng shāngyè huódòng de.

We do business on a commission basis.

8. 对于代理商，佣金还是要给的吧？

Duìyú dàilǐshāng, yòngjīn háishì yào gěi de ba?

I believe that a commission is usually allowed for a middleman.

9. 我们在价格上已经作了让步，所以佣金不能再给了。

Wǒmen zài jiàgéshang yǐjīng zuò le ràngbù, suǒyǐ yòngjīn bù néng zài gěi le.

Since we have made concessions in price we cannot give you any commission.

10. 如果你方能多给我们一些佣金，就可以便于我方推销。

Rúguǒ nǐfāng néng duō gěi wǒmen yìxiē yòngjīn, jiù kěyǐ biànyú wǒfāng tuīxiāo.

It will be easier for us to push the sale if you can give us more commission.

11. 你们即使只给百分之二（2%）或百分之三（3%）的佣金也成。

Nǐmen jíshǐ zhǐ gěi bǎi fēn zhī èr (2%) huò bǎi fēn zhī sān (3%) de yòngjīn yě chéng.

It'll be all right, even if you give us a 2% or 3% commission.

12. 如果你们订货数量大，我们可以考虑给佣金。

Rúguǒ nǐmen dìnghuò shùliàng dà, wǒmen kěyǐ kǎolǜ gěi yòngjīn.

We'll take the commission into consideration if your order is big enough.

13. 成交额在一百万（1,000,000）美元以上，你们给多少佣金？

Chéngjiāo'é zài yì bǎi wàn (1,000,000) měiyuán yǐshàng, nǐmen gěi duōshao yòngjīn?

How much commission will you give if the transaction is over US$1,000,000?

14. 考虑到你们的大量订货，我们给你们百分之一（1%）的佣金。

Kǎolǜdào nǐmen de dàliàng dìnghuò, wǒmen gěi nǐmen bǎi fēn zhī yī (1%) de yòngjīn.

Taking into consideration the quantity you have ordered, we'll allow you a 1% commission.

15. 通常我们从每笔成交额中得到百分之三（3%）的佣金。

Tōngcháng wǒmen cóng měi bǐ chéngjiāo'é zhōng dédào bǎi fēn zhī sān (3%) de yòngjīn.

We usually get a 3% commission on the total volume of business.

16. 给百分之十（10%）的佣金，意味着价格要提高。

Gěi bǎi fēn zhī shí (10%) de yòngjīn, yìwèizhe jiàgé yào tígāo.

10% commission will no doubt cause the price to go up.

17. 你们考虑给多少佣金？

Nǐmen kǎolǜ gěi duōshao yòngjīn?

How much commission will you give?

18. 我们给你们百分之二（2%）的佣金。

Wǒmen gěi nǐmen bǎi fēn zhī èr (2%) de yòngjīn.

We'll give you 2% commission.

19. 百分之二（2%）的佣金对我们来说并不算多。

Bǎi fēn zhī èr (2%) de yòngjīn duì wǒmen láishuō bìng bú suàn duō.

2% commission is not high at all.

20. 为了推销你们的产品，我们要耗费大量资金。

Wèile tuīxiāo nǐmen de chǎnpǐn, wǒmen yào hàofèi dàliàng zījīn.

It'll cost us a lot to push the sale of your product.

21. 我们破例给百分之二（2%）的佣金，不能再高了。

Wǒmen pòlì gěi bǎi fēn zhī èr (2%) de yòngjīn, bù néng zài gāo le.

We'll give a 2% commission as an exception. This is the best we can do.

22. 你们的佣金给得实在太少了。

Nǐmen de yòngjīn gěi de shízài tài shǎo le.

The commission you gave is too little.

23. 百分之二（2%）的佣金已是照顾了。

Bǎi fēn zhī èr (2%) de yòngjīn yǐ shì zhàogù le.

We've accommodated you in allowing a 2% commission.

24. 我建议每多销一百（100）台，就增加百分之一（1%）的佣金。

Wǒ jiànyì měi duō xiāo yì bǎi (100) tái, jiù zēngjiā bǎi fēn zhī yī (1%) de yòngjīn.

I suggest that you add 1% to the commission for each additional 100 pieces sold.

25. 每多销一百（100）台，我们就增加百分之一（1%）的佣金。

Měi duō xiāo yì bǎi (100) tái, wǒmen jiù zēngjiā bǎi fēn zhī yī (1%) de yòngjīn.

For every extra sale of 100 pieces, we'll give you an additonal 1% commission.

## 二、替换练习

1. 不知你们对佣金是怎么规定的？

> 打算
> 考虑
> 决定

2. 你们即使只给百分之二（2%）或百分之三（3%）的佣金也成。

> 百分之一（1%）
> 百分之三（3%）
> 百分之五（5%）

3. 成交额在一百万（1,000,000）美元以上，你们给多少佣金？

> 一千五百万英镑
> 五万西德马克
> 五千万法郎

4. 考虑到你们的大量订货，我们给你们<u>百分之一（1%.）</u>的佣金。

> 百分之二（2%）
> 百分之五（5%）

5. 通常我们从每笔成交额中得到<u>百分之三（3%）</u>的佣金。

> 百分之一（1%）
> 百分之三（3%）
> 百分之五（5%）

6. 我们给你们<u>百分之二（2%）</u>的佣金。

> 百分之三（3%）
> 百分之一（1%）
> 百分之五（5%）

7. 百分之二（2%）的佣金对我们来说<u>不算多</u>。

> 不算宽裕
> 太少了
> 不多

8. 我们破例给<u>百分之二（2%）</u>的佣金，不能再高了。

> 百分之一（1%）
> 百分之五（5%）
> 百分之三（3%）

9. 每多销一百（100）台，我们就增加百分之一（1%）
   的佣金。

> 五百（500）码，　百分之二
> 一千（1000）吨，百分之三
> 两千（2000）件，百分之五

10. 你们的佣金给得实在太少了。

> 实在太可怜了
> 太少了
> 少了点儿

# 三、会话

## （一）

A：王先生，我通常从欧洲的供销商那里得到百分之三
（3%）到百分之五（5%）的佣金，这是惯例。

B：我方一般不给佣金。但是如果订货数量大，我们可以
考虑。

A：我们是通过取得佣金来进行商业活动的。如果你方能
多给我们一些佣金，就可以便于我方推销。王先生，
即使只给百分之二（2%）或百分之三（3%）也成。

B：史密斯先生，等你们提出订货时，我们再讨论佣金问
题吧。

A：如果你方的价格优惠，而且包括我方提出的佣金，我
可以马上订货。

140

## （二）

A：王先生，通常我们从每笔成交额中得到百分之十（10％）的佣金。

B：对于代理商我们通常只给百分之三（3％）到百分之五（5％）的佣金。

A：为了推销你们的产品，和其它国家的同类产品争夺市场，我们必须雇佣推销员，还要耗费大量资金在报纸上和电视节目里登广告，所以，我觉得百分之十（10％）的佣金对我们来说并不算多。

B：您知道，我方价格是根据成本进行计算的，百分之十（10％）的佣金意味着价格要提高。

A：那你们考虑给多少呢？

B：每次成交时，我们给你们百分之五（5％）的佣金。

## （三）

A：王先生，我们代理商很关心佣金问题，不知你们对佣金是怎么规定的？

B：通常按成交金额的百分之几计算。不过，我们一般不给佣金。

A：不给佣金不符合国际贸易惯例。我们从欧洲供应商那里一般可以得到百分之三（3％）到百分之五（5％）的佣金。

B：我们在价格上已经作了让步，所以佣金不能再给了。

## （四）

A：王先生，对于代理商，佣金还是要给的吧？

B：我们一般不给佣金，但考虑到①你们的大量订货，我们给你们百分之一（1％）的佣金，怎么样？

A：你们的佣金给得实在太少了。从日本买这么多货，我们总是②得到百分之三（3%）的佣金。请您再考虑一下。

B：那我们破例③给百分之二（2%），不能再高了。

A：没有商量的余地了吗？

B：坦率地说，百分之二（2%）的佣金真是一个例外④，已经是照顾了。

### （五）

A：王先生，新疆地毯我们订购一千（1000）块，你们才给百分之二（2%）的佣金，是不是少了点儿？

B：这是畅销货，报的又是最低价，所以佣金不能再多给了。

A：我们在伊朗一般可以得到百分之五（5%）的佣金。

B：这样吧，如果你们增加订购数量，我们可以考虑再多给一点佣金。

A：好，我们增加五百（500）块，怎么样？

B：那我们破例给你们百分之三（3%）的佣金。

## 四、生词

| | | | | |
|---|---|---|---|---|
| 1. | 佣金 | （名） | yòngjīn | commission |
| 2. | 供销商 | （名） | gōngxiāo-shāng | supplier |
| 3. | 惯例 | （名） | guànlì | usual practice |
| 4. | 商业 | （名） | shāngyè | trade |
| 5. | 便于 | （动） | biànyú | be convenient to |
| 6. | 推销 | （动） | tuīxiāo | push the sale |
| 7. | 成交额 | （名） | chéngjiāo'é | the volume of business |

8. 代理商　（名）　dàilǐshāng　agent

9. 宽裕　（形）　kuānyù　plenty of

10. 雇佣　（动）　gùyōng　hire

11. 推销员　（名）　tuīxiāo-　salesman
　　　　　　　　yuán

12. 耗费　（动）　hàofèi　cost

13. 资金　（名）　zījīn　capital, money

14. 登　（动）　dēng　put

15. 广告　（名）　guǎnggào　advertisement

16. 意味　（动）　yìwèi　mean

17. 规定　（动、名）guīdìng　stipulate, stipulation

18. 计算　（动）　jìsuàn　calculate

19. 余地　（名）　yúdì　room

20. 例外　（名、动）lìwài　exception, except

21. 新疆　（专名）　Xīnjiāng　Xinjiang

22. 地毯　（名）　dìtǎn　carpet

23. 伊朗　（专名）　Yīlǎng　Iran

## 五、注释

### 1. 考虑到

表示动作有结果，常用"到"作动词的补语。"到"后常带受事宾语。如："看到"、"想到"、"考虑到"、"预见到"、"估计到"等。

"到" is generally used as the complement of a verb in order to indicate the result of an action. For example: "看到"、"想到"、"考虑到"、"预见到"、"估计到", etc.

143

## 2. 总是

表示过去经常这样，很少例外，现在仍是这样。可以用
"总"或"总是"，有"一直"、"经常"的意思。如：

"总" or "总是" with the meaning of 'always' or 'often' is frequently used to express habitual or recurrent action. For example:

（1）这几年，国际市场的价格总（是）上涨得 很厉害。

The international market price has gone on rising sharply over the past few years.

（2）他们总（是）到北京饭店洽谈。

They always hold business talks at the Beijing Hotel.

"总是"后面是形容词时，形容词常带"这么、那么、这样、那样"等。如：

When there is an adjective after "总是" the adjective normally takes before it "这么"，"那么"，"这样"，"那样" For example:

（3）中国丝绸的销路总（是）那么好。

Chinese silk always sells so well.

## 3. 破例

打破常规或惯例，叫"破例"。有时在表示给对方特殊
照顾或好处时，也说"这已是破例了"。如：

"破例" conveys the meaning that something or somebody has broken the rule. "这已是破例了" can also be used to express that something is given or offered to others as a special favor. For example:

144

（1）我们这次同意给你们折扣已是破例了，算是对
你方的照顾。

Our allowing you a discount this time is an
exceptional case. It may be regarded as
an accommodation to you.

（2）这种货我们决定破例以低廉的价格出售给你们，
希望你们能够理解我们的好意。

We have decided to sell this commodity to you
at an exceptionally low price, and hope you
will recognize our goodwill.

## 4. 例外

表示在一般的规律、规定之外的情况，常用"例外"。
如：

"例外" conveys the meaning that something does
not follow the rule or the stipulation. For example:

（1）我方关于价格的规定，对谁也不例外。

As far as price terms are concerned, we make
no exception.

（2）我们一般不给折扣，但也有例外。

Generally, we do not allow any discount, but
there are exceptions.

# 第 十 一 课

## 付款方式（一）
## Terms of Payment (I)

## 一、句子

1. 关于付款条件，你们还有什么意见？

   Guānyú fù kuǎn tiáojiàn, nǐmen hái yǒu shénme yìjian?

   What do you think of the terms of payment?

2. 我们希望你们接受D／P付款方式。

   Wǒmen xīwàng nǐmen jiēshòu D/P fù kuǎn fāngshì.

   We hope you will accept D/P payment terms.

3. 我们准备用D／A付款方式。

   Wǒmen zhǔnbèi yòng D/A fùkuǎn fāngshì.

   We are thinking of payment by D/A.

4. 我们无法接受你们的建议。

   Wǒmen wúfǎ jiēshòu nǐmen de jiànyì.

   It's very difficult for us to accept your suggestion.

5. 一般情况下，你们采用什么付款方式？

   Yìbān qíngkuàngxià, nǐmen cǎiyòng shénme fù kuǎn fāngshì?

   What is your regular practice concerning terms of payment?

6. 我们采用不可撤消的信用证，凭装运单据结汇付款方式。

   Wǒmen cǎiyòng bù kě chèxiāo de xìnyòngzhèng, píng zhuāngyùn dānjù jiéhuì fù kuǎn fāngshì

   We usually accept payment by irrevocable L/C payable against shipping documents.

7. 开货价为五千（5000）万美元的信用证费用太大，我们有困难。

   Kāi huòjià wéi wǔ qiān (5000) wàn měiyuán de xìnyòngzhèng fèiyòng tài dà, wǒmen yǒu kùnnan.

   To open an L/C for such a large order as US$ 50,000,000 is costly. It'll cause us a great deal of difficulty.

8. 你们能不能接受付款交单？

   Nǐmen néng-bunéng jiēshòu fù kuǎn jiāo dān?

   I wonder if you will accept D/P?

9. 对于金额大的订货，我们更要求开信用证。

   Duìyú jīn'é dà de dìnghuò, wǒmen gèng yāoqiú kāi xìnyòngzhèng.

   For large orders, we insist on payment by L/C.

10. 用信用证支付方式会增加我方进口货的成本。

    Yòng xìnyòngzhèng zhīfù fāngshì huì zēngjiā wǒfāng jìnkǒuhuò de chéngběn.

    To open an L/C will add to the cost of our imports.

11. 不可撤消的信用证给出口商品增加了银行的担保。

    Bù kě chèxiāo de xìnyòngzhèng gěi chūkǒushāngpǐn zēngjiā le yínháng de dānbǎo.

    An irrevocable L/C gives your exports the protection of a banker's guarantee.

12. 货价的百分之五十（50%）用信用证，其余用 D／P
（付款交单），您看怎么样？

Huòjià de bǎi fēn zhī wǔ shí (50%) yòng xìnyòng-
zhèng, qíyú yòng D/P (fù kuǎn jiāodān), nín kàn
zěnmeyàng?

How about 50% by L/C and the rest by D/P?

13. 我们坚持用信用证支付方式。

Wǒmen jiānchí yòng xìnyòngzhèng zhīfù fāngshì.

We insist on payment by L/C.

14. 如果你们答应提前一个月交货，我们就同意开信用证。

Rúguǒ nimen dāying tíqián yí ge yuè jiāo huò, wǒmen
jiù tóngyì kāi xìnyòngzhèng.

We will open an L/C if you promise to effect shipment
one month earlier.

15. 你们一定要在交货期前三十天把信用证开达我方。

Nǐmen yídìng yào zài jiāohuòqī qián sān shí tiān bǎ
xìnyòngzhèng kāidá wǒfāng.

Your L/C must reach us 30 days before delivery.

16. 付款用信用证，在交货前十五到二十天期间由买方开
出。

Fù kuǎn yòng xìnyòngzhèng, zài jiāohuò qián shí wǔ
dào èr shí tiān qījiān yóu mǎifāng kāichū.

The L/C should be opened by the buyer 15 to 20 days
before delivery.

17. 在交货前十五天到三十天内开立信用证，这样便于我方
作好必要的安排。

Zài jiāohuò qián shí wǔ tiān dào sān shí tiān nèi kāilì
xìnyòngzhèng, zhèyàng biànyú wǒfāng zuòhǎo bìyào
de ānpái.

It'll be easier for us to make the necessary arran-

gement if your L/C can reach us 15 to 30 days be-
fore delivery.

18. 信用证应在装船后十五天内有效。

Xìnyòngzhèng yīng zài zhuāngchuán hòu shí wǔ
tiān nèi yǒuxiào.

The L/C remains valid until the 15th day after
shipment.

19. 请注明"信用证议付地点在我国有效"字样。

Qǐng zhùmíng "xìnyòngzhèng yìfù dìdiǎn zài wǒ-
guó yǒuxiào" zìyàng.

Please indicate that the L/C is negotiable in our
country.

20. 我们能不能用人民币支付这笔货款?

Wǒmen néng-bunéng yòng rénmínbì zhīfù zhèbǐ
huòkuǎn?

Can we pay for our imports in RMB?

21. 我们希望你们最好用美元支付。

Wǒmen xīwàng nimen zuìhǎo yòng měiyuán zhīfù.

We would prefer you to pay for your imports in
US dollars.

22. 希望你们考虑一下我们的意见。

Xīwàng nimen kǎolǜ yíxià wǒmen de yìjian.

I would very much appreciate it if you could take
our suggestion into consideration.

23. 欧洲的许多银行和北京的中国银行都有帐户往来。

Ōuzhōu de xǔduō yínháng hé Běijīng de Zhōng-
guó Yínháng dōu yǒu zhànghù wǎnglái.

Many banks in Europe now carry accounts with
the Bank of China, Beijing.

24. 伦敦的中国银行可以凭我们的销售确认书开立人民币信用证。

Lúndūn de Zhōngguó Yínháng kěyǐ píng wǒmen de xiāoshòu quèrènshū kāilì rénmínbì xìnyòngzhèng.

The Bank of China, London can open an L/C in RMB for you against our sales confirmation.

25. 我一回去就着手办理开证。

Wǒ yì huíqu jiù zhuóshǒu bànlǐ kāizhèng.

I'll set about opening an L/C as soon as I arrive home.

## 二、替换练习

1. 我们采用开信用证，凭装运单据结汇付款方式。

| D/P |
| D/A |
| 承兑交单 |

2. 开货价为五千万（50,000,000）美元的信用证费用太大，我们有困难。

| 一亿美元 |
| 两千万法郎 |
| 一百万英镑 |

3. 我们坚持用信用证支付方式。

| D/P |
| D/A |
| 付款交单 |

150

4. 货价的<u>百分之五十</u>（50％）用信用证，其余用 D／P
   （付款交单），您看怎么样？

   > 百分之三十，　　百分之七十
   > 百分之六十，　　百分之四十

5. 如果你们答应提前<u>一个月</u>交货，我们同意开信用证。

   > 半年
   > 三个月
   > 两个月

6. <u>伦敦的中国银行</u>可以凭我们的销售确认书开立人民币
   信用证。

   > 旧金山的美洲银行
   > 纽约的化学银行
   > 日本东京银行

7. 我们希望你们接受 D／P 付款方式。

   > D／A 付款方式
   > 承兑交单
   > 付款交单

8. 你们能不能接受<u>付款交单</u>？

   > 承兑交单
   > D／P 付款方式
   > D／A 付款方式

9. 我们能不能用<u>人民币</u>支付这笔货款？

> 港币
> 日元
> 法郎

10. 我们希望你们最好用<u>美元</u>支付。

> 西德马克
> 瑞士法郎
> 英镑

# 三、会话

## （一）

A：王先生，你们一般采用什么付款方式？

B：我们一般只接受不可撤消的凭①装运单据付款的信用证。

A：你们能不能接受承兑交单或付款交单？

B：这恐怕不行。

A：王先生，在银行开立信用证，不但要付银行手续费，还得付一笔押金，因此用信用证支付方式会增加我方进口货的成本。

B：您知道，不可撤消的信用证给出口商品增加了银行的担保。

A：我们都作些让步吧，货价的百分之五十（50%）用信用证，其余的用D/P（付款交单），您看怎么样？

B：很对不起，我们坚持用信用证支付货款。

## （二）

A：王先生，一般情况下，你们采用什么付款方式？

B：我们采用开信用证，凭装运单据结汇付款方式。

A：开货价为五千（5000）万美元的信用证，费用太大。这样会②造成资金积压，使得③销售价格提高。

B：很抱歉，对于金额大的订货，我们就更要求开信用证了。

A：我们希望你们接受D/P或D/A付款方式。

B：您知道，目前西方经济状况不太好，国际金融市场又不稳定，为了能及时收汇，我们坚持用信用证支付方式。

## （三）

A：李先生，信用证在交货前十五（15）天开达你方，可以吗④？

B：晚了点儿吧。是不是在交货前十五（15）天到三十（30）天内开立信用证，这样便于我方作好必要的安排。

A：可以。

B：另外我们希望加上一条，信用证有效期应至货物装船后十五（15）天截止。因为要把所有装船单据准备好提交银行议付，有时需要一个星期左右。

A：好的。信用证应在装船后十五（15）天内有效。

B：请注明"信用证议付地点在我国有效"字样。

## （四）

A：希望你们再考虑一下我们的意见，接受D/P或D/A付款方式。

B：实在抱歉，我们无法接受你们的建议。

A：这样吧，我们各作一点让步，如果你们答应提前一个月交货，我们就同意开信用证。

B：好，一言为定⑧。你们一定要在交货期前三十天把信用证开达我方。

## （五）

A：布朗先生，我们这次订购的彩色电视机流水线，你们希望怎么付款呢？

B：你们的意见呢？

A：对这笔生意，我们希望采用补偿贸易。你们看可以吗？

B：这个，我得和公司联系一下。等决定了，再告诉你们。

A：好。

## 四、生词

| | | | |
|---|---|---|---|
| 1. 付款 | （动） | fùkuǎn | pay |
| 2. 开 | （动） | kāi | open |
| 3. 信用证 | （名） | xìnyòng-zhèng | letter of credit |
| 4. 凭 | （动） | píng | against |
| 5. 装运 | （动） | zhuāngyùn | ship |
| 6. 单据 | （名） | dānjù | documents |
| 7. 结汇 | （动） | jiéhuì | negotiate payment |
| 8. 货价 | （名） | huòjià | price, value |
| 9. 费用 | （名） | fèiyòng | cost, expense |
| 10. 积压 | （动） | jīyā | tie up |
| 11. 金额 | （名） | jīn'é | the amount of money |

| 12. | 接受 | （动） | jiēshòu | accept |
|---|---|---|---|---|
| 13. | D/P付款方式 | | D/P fù kuǎn fāngshì | documents against payment |
| 14. | D/A付款方式 | | D/A fù kuǎn fāngshì | documents against acceptance |
| 15. | 西方 | （名） | xīfāng | the West |
| 16. | 经济 | （名） | jīngjì | economy |
| 17. | 状况 | （名） | zhuàngkuàng | situation |
| 18. | 金融 | （名） | jīnróng | finance |
| 19. | 稳定 | （动） | wěndìng | stabilize |
| 20. | 及时 | （副） | jíshí | in time |
| 21. | 收汇 | （动） | shōuhuì | collect the payment |
| 22. | 支付 | （动） | zhīfù | pay |
| 23. | 撤消 | （动） | chèxiāo | revoke |
| 24. | 装船 | | zhuāngchuán | make shipment |
| 25. | 付款交单 | （名） | fùkuǎn jiāodān | documents against payment |
| 26. | 承兑交单 | （名） | chéngduì jiāodān | documents against acceptance |
| 27. | 手续费 | （名） | shǒuxùfèi | charge |
| 28. | 押金 | （名） | yājīn | deposit, margin |
| 29. | 进口货 | （名） | jìnkǒuhuò | imports |
| 30. | 担保 | （名、动） | dānbǎo | guarantee |
| 31. | 恐怕 | （副） | kǒngpà | fear, be afraid |

| 32. 坚持 | （动） | jiānchí | insist on |
|---|---|---|---|
| 33. 交货 | （动） | jiāohuò | deliver |
| 34. 安排 | （动） | ānpái | arrange |
| 35. 截止 | （动） | jiézhǐ | end, close |
| 36. 提交 | （动） | tíjiāo | refer to, present |
| 37. 议付 | （动） | yìfù | negotiate |
| 38. 有效 | （形） | yǒuxiào | valid |
| 39. 注明 | （动） | zhùmíng | state |
| 40. 字样 | （名） | zìyàng | wording |
| 41. 开达 | （动） | kāidá | open……to |
| 42. 货款 | （名） | huòkuǎn | payment for goods |
| 43. 伦敦 | （专名） | Lúndūn | London |
| 44. 一言为定 | | yī yán wéi dìng | that's settled |
| 45. 销售确认书 | | xiāoshòu quèrènshū | sales confirmation |
| 46. 美洲银行 | （专名） | Měizhōu Yínháng | Bank of America |
| 47. 化学银行 | （专名） | Huàxué Yínháng | Chemical Bank |
| 48. 东京 | （专名） | Dōngjīng | Tokyo |
| 49. 港币 | （名） | Gǎngbì | Hongkong Dollar |

# 五、注释

## 1. 凭

表示"凭借"、"依靠"、"根据"，常用介词"凭"、"凭着"等。如，

To express the idea 'to have something to go by', to rely on', or 'to base on', the preposition "凭" or "凭着" is very often used.  For example:

凭单据报销

get reimbursement against invoices

## 2. 会

表示有可能，常用助动词"会"。"会"通常表示将来的可能性。有时也表示过去和现在的。"会"可单独回答问题，否定用"不会"。如：

The modal verb "会" is very often used to indicate possibility, generally in the future tense, but sometimes in the past or present tenses. "会" can stand independently as an answer, its negative being "不会".  For example.

（1）不久你就会听到确实的消息。

You'll get reliable information soon.

（2）没想到谈判会这么顺利。

I didn't expect that the talk would come off so nicely.

（3）——他会不会来？

——Will he come?

——会。

——Yes, he will.

## 3. 使得

表示引起某种结果时，常用动词"使得"或"使"，后面必须带小句作宾语。如：

When the verb "使得" or "使" is used to express the meaning to "make happen", it must take a clause as its object. For example:

（1）你方的报价出乎我们的意料,使我们不得不重新考虑所订的品种。

Your offer is not what we expected, so we have to re-consider the types of goods we have booked.

（2）包装不良,使得三百箱货物全部报废。

Because of improper packing, three hundred cases of goods are damaged.

如果前一分句有"由于"表示原因,后面用"使得"呼应,那么"使得"就是无主动词,不能再有主语。如:

If "由于" occurs in the foregoing clause to indicate a cause, "使得" then functions as a no-subject verb, taking no subject before it. For example:

（3）由于这种商品价格太高,使得它在国际市场上失去了竞争力。

As the price of this commodity is too high, it is not competitive in the international market.

## 4. 可以吗

希望征得别人同意,可以说"可以吗","行吗","成吗"。如果对方表示同意,可以说"可以","成","行","当然可以"。如果对方不同意,可以说"不行","不成"。

The question tag "可以吗？", "行吗？", "成吗？", can be appended to a statement to invite agreement or permission. If the answer is in the affirmative, "可以", "成", "行", "当然可以", can be used in reply; otherwise, "不行" or "不成" is used to express the negative.

## 5. 一言为定

双方达成协议或谅解，为使对方的意见进一步肯定下来，不再更改或反悔，口语中常说"一言为定"或"绝不反悔"。

In spoken Chinese, "一言为定" or "绝不反悔" is very often used to confirm an agreement or a mutual understanding.

# 第 十 二 课

## 付款方式(二)
## Terms of Payment (II)

## 一、句子

1. 这次交易我们将采用"分期付款"方式。

Zhè cì jiāoyì wǒmen jiāng cǎiyòng "fēn qī fù kuǎn" fāngshì.

We would like to adopt 'payment by instalments' for our present transaction.

2. "分期付款"是我们国外卖主已经接受并经常使用的一种付款方式。

"Fēn qī fù kuǎn" shì wǒmen guówài màizhǔ yǐjīng jiēshòu bìng jīngcháng shǐyòng de yì zhǒng fù kuǎn fāngshì.

'Payment by instalments' is one of the terms of payment that has been accepted and very often used by several of our sellers abroad.

3. 在一些特殊项目的进口中,我们采用"分期付款"方式。

Zài yì xiē tèshū xiàngmù de jìnkǒu zhōng, wǒmen cǎi yòng "fēn qī fù kuǎn" fāngshì.

We adopt 'payment by instalments' for some special import items.

4. 为了今后的业务，这次我们接受"分期付款"方式。

Wèile jīnhòu de yèwù, zhè cì wǒmen jiēshòu "fēn qī fù kuǎn" fāngshì.

With an eye to future business, we'll accept payment by instalments this time.

5. 请您具体讲讲关于付款条款的建议。

Qǐng nín jùtǐ jiǎngjiang guānyú fù kuǎn tiáokuǎn de jiànyì.

Would you explain specifically your proposition about the terms of payment?

6. 你们订购的这批货物的总值为五万（50,000）美元。

Nǐmen dìnggòu de zhè pī huòwù de zǒngzhí wéi wǔwàn (50,000) měiyuán.

The total value of your order amounts to US$ 50,000.

7. 货物将在五年内分五次向中国发运。

Huòwù jiāng zài wǔ nián nèi fēn wǔ cì xiàng Zhōngguó fāyùn.

The goods will be shipped to China in five different lots within five years.

8. 我建议开具价值五万美元的远期汇票，偿付第一批交货的货款。

Wǒ jiànyì kāijù jiàzhí wǔ wàn (50,000) měiyuán de yuǎnqī huìpiào, chángfù dìyī pī jiāohuò de huòkuǎn.

I propose issuing a time draft for US$50,000 covering the value of the first partial shipment.

9. 期票什么时候到期?

Qīpiào shénme shíhou dàoqī?

When will this time draft fall due?

10. 期票于一九九八年九月二十日到期。

Qīpiào yú yī-jiǔ-jiǔ-bā nián jiǔ yuè èr shí rì dàoqī.

This time draft will fall due on 20th September, 1980.

11. 请你们在汇票背面签字"承兑"。

Qǐng nǐmen zài huìpiào bèimiàn qiānzì "chéngduì".

You are kindly requested to 'accept' this draft by signing on the back.

12. 汇票要由北京中国银行附签，以证明你方签字是真的和有效的。

Huìpiào yào yóu Běijīng Zhōngguó Yínháng fù-qiān, yǐ zhèngmíng nǐfāng qiānzì shì zhēnde hé yǒuxiào de.

The time draft is to be countersigned by the Bank of China, Beijing, certifying that your signature is true and valid.

13. 这张期票代表第一期付款，在签合同时得给我们。

Zhè zhāng qīpiào dàibiǎo dìyī qī fùkuǎn, zài qiān hétong shí děi gěi wǒmen.

This time draft represents the first instalment and should be given to us upon the signing of the contract.

14. 我们能用这张期票向国家银行申请贷款。

Wǒmen néng yòng zhè zhāng qīpiào xiàng guójiā yínháng shēnqǐng dàikuǎn.

With this time draft in our possession, we'll be in a position to arrange for a loan from our state bank.

15. 只有当你方按时履行了合同条款，我方到期才兑付期票。

Zhǐyǒu dāng nǐfāng ànshí lǚxíng le hétong tiáokuǎn, wǒfāng dàoqī cái duìfù qīpiào.

We'll honour our draft when it becomes due, only if all contract stipulations have been duly implemented by you.

16. 我们公司一向严格履行与国外买主和卖主签订的合同条款。

Wǒmen gōngsī yíxiàng yángé lǚxíng yǔ guówài mǎizhǔ hé màizhǔ qiāndìng de hétong tiáokuǎn.

Our corporation always strictly carries out the contracts which it has entered into with foreign buyers and sellers.

17. 我们将履行合同的全部条款。

Wǒmen jiāng lǚxíng hétong de quánbù tiáokuǎn.

We'll fulfil all the contract stipulations.

18. 我一、两天内就把期票送来请您承兑。

Wǒ yì、liǎng tiān nèi jiù bǎ qīpiào sònglai qǐng nín chénduì.

The time draft will be sent to you for your acceptance within a couple of days.

19. 这是分期付款的第一笔。

Zhè shì fēn qī fù kuǎn de dì yī bǐ.

That's for the first instalment.

20. 其它三批货也照此办理。

Qítā sān pī huò yě zhào cǐ bànlǐ.

This same method applies to all the other three shipments.

21. 只要你方发运的机器质量和规格与合同条款相符，我们将发出一封由我们的银行，北京中国银行出具的保证函，银行会保证在我们承兑的期票到期时支付款项。

Zhǐyào nǐfāng fāyùn de jīqì zhìliàng hé guīgé yǔ hétong tiáokuǎn xiāngfú, wǒmen jiāng fā chū yìfēng yóu wǒmen de yínháng, Běijīng Zhōngguó Yínháng chūjù de bǎozhènghán, yínháng huì bǎozhèng zài wǒmen chéngduì de qīpiào dào qī shí zhīfù kuǎnxiàng.

We'll produce a Letter of Guarantee issued by our bank, the Bank of China, Beijing, guaranteeing our payment of install ments when our accepted time drafts become due, on the condition that the quality and specifications of the machines to be delivered by you are strictly in conformity with the contract stipulations.

22. 你方应该提交有两家银行签署的保证函。

Nǐfāng yīnggāi tíjiāo yǒu liǎng jiā yínháng qiānshǔ de bǎozhènghán.

You should produce a similar Letter of Guarantee jointly signed by two banks.

23. 我已经和我们的银行安排了保证函，随时可以提交。

Wǒ yǐjing hé wǒmen de yínháng ānpái le bǎozhènghán, suíshí kěyǐ tíjiāo.

I've already made arrangements with our bankers about the Letter of Guarantee and we can produce it at any time.

24. 我们总是希望我们的投资能尽早、安全地收回来。

Wǒmen zǒngshi xīwàng wǒmen de tóuzī néng jìnzǎo, ānquán de shōuhuílai.

We hope our investment can be recouped safely and quickly.

164

25. 请您放心，还款是有保障的。

Qǐng nín fàngxīn, huánkuǎn shì yǒu bǎozhàng de.

Please rest assured that repayment is ensured.


## 二、替换练习

1. 这次交易我们将采用"分期付款"方式。

> 即期付款
> 延期付款

2. 为了今后的业务，这次我们接受"分期付款"方式。

> 即期付款
> 延期付款

3. 你们订购的这批货物的总值为五万美元。

> 五百万英镑
> 两亿日元
> 三千万法郎

4. 货物将在五年内分五次向中国发运。

> 三年，三次
> 四年，两次
> 六年，三次

5. 我建议开具价值<u>五万美元</u>的远期汇票，偿付<u>第一批</u>交货的货款。

| 三百万西德马克， | 头一批 |
|---|---|
| 五万美元， | 第二批 |
| 五十万瑞士法郎， | 第三批 |

6. 期票于<u>一九九八年九月二十日</u>到期。

| 一九九七年十月二十日 |
|---|
| 一九九九年一月一日 |
| 二〇〇〇年十月十五日 |

7. 我们能用这张期票向<u>国家银行</u>申请贷款。

| 巴黎国民进出口银行 |
|---|
| 日本东京银行 |
| 旧金山美洲银行 |

8. 我<u>一、两天内</u>就把期票送来请您承兑。

| 三、五天内 |
|---|
| 二、三天内 |
| 明天 |

9. 这是分期付款的<u>第一笔</u>。

| 头一笔 |
|---|
| 第二笔 |
| 第三笔 |

10. 其它<u>三批</u>货也照此办理。

| 两批 |
| 四批 |
| 五批 |

# 三、会话

## （一）

A：这次交易我们将采用"分期付款"方式。

B：王先生，你们这项庞大的订货，超过了我们的财物能力。我们无力长期垫付这笔款项。所以，在会谈一开始，我们就坚持用即期信用证的付款方式。

A："分期付款"是我们国外卖主已经接受并经常使用的一种付款方式。

B：这我知道。但为保险起见①，希望这次还是用信用证付款方式。

A：在一些特殊项目的进口中，我们一般都采用"分期付款"方式。

B：那好吧。为了今后的业务，这次我们接受"分期付款"方式。

## （二）

A：史密斯先生，请您具体讲讲关于付款条款的建议。

B：好，你们订购的这些机器的总值为五百万法郎。机器将在五年内分五次向中国发运。

A：可以。

B：为了帮助我们做成这笔交易，我建议开具价值二百万法郎的远期汇票，偿付第一批交货的货款。

A：期票什么时候到期?

B：期票于一九九八年九月二十二日到期。请你们在汇票背面签字"承兑"，同时②，汇票要由北京中国银行附签，以证明你方签字是真的和有效的。

A：这我们清楚。您放心好了。

B：这张期票代表第一期付款，在签合同时得给我们。这样我们就能用这张期票向国家银行，也就是巴黎国民进出口银行申请贷款。

A：行，这些我们都可以接受。

### （三）

A：史密斯先生，只有当你方按时履行了合同条款，我方到期才兑付期票。

B：请放心。我们公司一向严格履行与国外买主和卖主签订的合同条款。

A：这点我们是放心的。

B：王先生，现在支付条款已经解决。我一、两天内就把期票送来请您承兑。

A：好的。这是分期付款的第一笔。

B：对。剩下的四批货，我方愿确认，在第一批机器完成的时候，尽早提前通知你方装船日期，同时，给你方开出另一张期票请您承兑。

A：金额是下一批货的，也就是第二批货的货款，对吧?

B：对。其它三批货也照此办理。

### （四）

A：史密斯先生，各批货的装船日期和付款细节要在合同中清楚地写明。它们对双方都有约束力。

B：对。

**A**：上次讨论中我们提到，只要你方发运的机器质量和规格与合同条款相符，我们将发出一封由我们的银行，北京中国银行出具的保证函，银行会保证在我们承兑的期票到期时支付款项。

**B**：对，这点我们没有异议。

**A**：你方也应该提交有两家可靠的银行签署的保证函，保证你方按期执行合同条款。

**B**：我已经和我们的银行安排好了保证函，随时可以提交。

**A**：好的。这些保证函的样本将作为合同的附件。如果你方不能按照合同交机器，必须保证偿还我们已付的各批货款。

## （五）

**A**：王先生，我有一个建议，不知你们是不是愿意采纳。

**B**：什么建议？

**A**：你们是否同意通过我们向巴黎国民进出口银行申请长期贷款来③支付向我们订购的机器的全部货款。

**B**：这样一来，不但要增加工程费用，而且还产生许多不必要的事务，我们不准备向法国银行贷款。

**A**：作为成套设备的出口商，我们总是希望我们的投资能尽早、安全地收回来。

**B**：这点，我们理解。请您放心，还款是有保障的。

## 四、生词

1. 庞大　　（形）　pángdà　　enormous
2. 财物　　（名）　cáiwù　　property
3. 垫付　　（动）　diànfù　　advance (the cost)
4. 款项　　（名）　kuǎnxiàng　money

| | | | |
|---|---|---|---|
| 5. 会谈 | (名、动) | huìtán | negotiation, negotiate |
| 6. 即期 | (名) | jíqī | sight |
| 7. 项目 | (名) | xiàngmù | item |
| 8. 条款 | (名) | tiáokuǎn | terms |
| 9. 建议 | (名、动) | jiànyì | suggestion, suggest |
| 10. 总值 | (名) | zǒngzhí | total amount |
| 11. 发运 | (动) | fāyùn | ship |
| 12. 开具 | (动) | kāijù | issue |
| 13. 价值 | (名) | jiàzhí | value |
| 14. 远期汇票 | (名) | yuǎnqī huìpiào | time draft |
| 15. 偿付 | (动) | chángfù | pay |
| 16. 货款 | (名) | huòkuǎn | payment for goods |
| 17. 期票 | (名) | qīpiào | time draft |
| 18. 到期 | (动) | dàoqī | expire, fall due |
| 19. 汇票 | (名) | huìpiào | draft |
| 20. 签字 | (动) | qiānzì | sign |
| 21. 承兑 | (动) | chéngduì | accept |
| 22. 附签 | (名) | fùqiān | counter-sign |
| 23. 签 | (动) | qiān | sign |
| 24. 合同 | (名) | hétong | contract |
| 25. 国民进出口银行 | (专名) | Guómín Jìnchūkǒu Yínháng | |

The National Import and Export Bank

| | | | |
|---|---|---|---|
| 26. 申请 | (动) | shēnqǐng | apply |
| 27. 履行 | (动) | lǚxíng | perform, carry out |
| 28. 兑付 | (动) | duìfù | cash (a cheque) |

| 29. | 严格 | （形） | yángé | strict |
|---|---|---|---|---|
| 30. | 签订 | （动） | qiāndìng | conclude and sign |
| 31. | 金额 | （名） | jīn'é | the amount of money |
| 32. | 照此 | | zhàocǐ | according to this |
| 33. | 细节 | （名） | xìjié | details |
| 34. | 写明 | （动） | xiěmíng | state clearly |
| 35. | 对……有约束力 | | duì……yǒu yuēshùlì | be binding on… |
| 36. | 相符 | （形） | xiāngfú | in conformity with |
| 37. | 出具 | （动） | chūjù | issue |
| 38. | 保证函 | （名） | bǎozhèng hán | letter of guarantee |
| 39. | 保证 | （名、动） | bǎozhèng | guarantee |
| 40. | 异议 | （名） | yìyì | disagreement |
| 41. | 可靠 | （形） | kěkào | reliable |
| 42. | 签署 | （动） | qiānshǔ | sign |
| 43. | 按期 | （副） | ànqī | duly |
| 44. | 执行 | （动） | zhíxíng | carry out |
| 45. | 附件 | （名） | fùjiàn | annex |
| 46. | 偿还 | （动） | chánghuán | pay back |
| 47. | 采纳 | （动） | cǎinà | accept, adopt |
| 48. | 工程 | （名） | gōngchéng | project |
| 49. | 费用 | （名） | fèiyòng | expense |
| 50. | 事务 | （名） | shìwù | affair |
| 51. | 投资 | （动、名） | tóuzī | invest, investment |
| 52. | 还款 | （动） | huánkuǎn | pay back |
| 53. | 保障 | （名、动） | bǎozhàng | guarantee, ensure |

54. 延期付款（名）　yánqī fù　　deferred payment
　　　　　　　　　　kuǎn
55. 头(一笔)（词头）tóu (yì bǐ)　first

# 五、注释

## 1. 为…起见

表示原因、目的，口语常用"为…起见"这种格式。在主语前要有停顿，"为"不能加"了、着"，"为"后也不能用名词。如：

The pattern "为…起见" is frequently used in spoken Chinese to express cause or purpose. It is placed before the main clause and is followed by a short pause.

No "了" or "着" is allowed to follow "为", nor does it take a noun. For example:

为方便读者起见，书末附了一张规格表。

A price list is attached to the last page of this book for the reader's reference.

## 2. 同时

表示进一层的意思时，常用"同时"、"并且"连接第二个小句。口语多用"同时"。如：

To express a further idea, "同时" or "并且" is used to connect two clauses. "同时" is used more often in spoken Chinese. For example:

（1）这些工艺品很富有东方色彩，同时价格也很便宜，一定畅销。

These arts and crafts are rich in oriental colour, and at the same time, the prices are reasonable, they will certainly sell well.

（2）希望你们对我们的商品多提意见，同时，也希
望贵代表回国后多多为我们宣传。

We hope you will let us have your comments
on our commodities, and at the same time, we
also hope you will do a lot more publicity
work for us.

## 3. 来

表示要做某事，可用"来＋动"的格式。这时不用
"来"意思相同。表示前者是方法、方向或态度而后者是目
的时，也常在动词结构（或介词结构）与动词（或动词结
构）之间加动词"来"。如：

The sentence pattern "来 + v." is used to show the in-
tent of an action, but does not change the meaning of
that action. The verb "来" can also be placed between
a verbal phrase (or prepositional phrase) and a verb (or
verbal phrase). In this sort of sentence the phrases
before "来" normally indicate method, aspect, or at-
titude while those after "来" frequently express pur-
pose. For example:

（1）我（来）说两句。

I'll say a few words.

（2）尽一切力量（来）做成这笔交易。

We'll do everything possible to conclude this
business transaction.

（3）我们采用了许多办法来改善我们的贸易状况。

We have tried one thousand and one ways
to improve our terms of trade.

173

做某个动作，口语中也常用动词"来"代替意义具体的动词。这时后边一般不带"了、过"。如：

In spoken Chinese, the verb "来" is also often used without "了" or "过" after it to take the place of a notional verb. For example:

（4）——请吃菜。

Help yourself.

——不客气，我自己来。（意思是：我自己夹）

It's very kind of you. I'll help myself.

（5）——唱得太好了，再来一个。（意思是：再唱一个）

The singing is wonderful. Encore!

（6）这货太好了，再来200箱。（意思是：再增订200箱）

The goods are splendid. I'll take another 200 cases.

表示命令、请求，口语中也可用动词"来"。如：

The verb "来" can be used in spoken Chinese to indicate an order or a request, too. For example:

（7）来人！（命令）

Come here right away.

（8）来杯啤酒。（请求）

A glass of beer please.

（9）来，帮一下忙。（请求）

Will you please help me.

# 第 十 三 课

## 交 货 日 期
## Date of Delivery

# 一、句子

1. 你方通常需要多长时间交货？

   Nǐfāng tōngcháng xūyào duōcháng shíjiān jiāo huò?

   How long does it usually take you to make delivery?

2. 一般来说，在收到信用证以后三个月内可以交货。

   Yìbān láishuō, zài shōudào xìnyòngzhèng yǐhòu sān gè yuè nèi kěyǐ jiāo huò.

   As a rule, we deliver all our orders within three months after receipt of the covering L/C.

3. 对于特殊订货呢？

   Duìyú tèshū dìnghuò ne?

   What about a special order?

4. 特殊订货的交货时间要长些，但绝不会超过六个月。

   Tèshū dìnghuò de jiāo huò shíjiān yào chángxiē, dàn jué bú huì chāoguò liù gè yuè.

   It takes longer for a special order, but in no case would it take longer than six months.

5. 如果想要你们六月份交货的话，我应该在什么时候开立信用证呢？

Rúguǒ xiǎng yào nǐmen liùyuèfèn jiāo huò dehuà, wǒ yīnggāi zài shénme shíhou kāilì xìnyòngzhèng ne?

When do I have to open the L/C if we want the goods to be delivered in June?

6. 在交货期前一个月，你方必须开立信用证。

Zài jiāohuòqī qián yí gè yuè, nǐfāng bìxū kāilì xìnyòngzhèng.

You'll have to open the L/C one month before the time you want the goods to be delivered.

7. 你们能不能再提前一点交货呢？

Nǐmen néng-bunéng zài tíqián yìdiǎn jiāo huò ne?

Could you possibly effect shipment more promptly?

8. 我希望你们能在收到我方信用证后马上发货。

Wǒ xīwàng nǐmen néng zài shōudào wǒfāng xìnyòngzhèng hòu mǎshàng fā huò.

I hope that the goods can be dispatched promptly after you get my L/C.

9. 我们在收到你方信用证的两、三个星期内就能发货。

Wǒmen zài shōudào nǐfāng xìnyòngzhèng de liǎng、 sān gè xīngqī nèi jiù néng fā huò.

Shipment can be effected within two or three weeks after receipt of your L/C.

10. 你方是不是能在九月份交货？

Nǐfāng shì-bushì néng zài jiǔyuèfèn jiāo huò?

I wonder whether you can make shipment in September?

11. 恐怕要在十月中旬。
Kǒngpà yào zài shíyuè zhōngxún.
I'm afraid it won't be until the middle of October.

12. 十月中旬交货，那太晚了！
Shíyuè zhōngxún jiāo huò, nà tài wǎn le!
Shipment by the middle of October will be too late for us.

13. 在我们那里，九月份是这种商品的上市季节。
Zài wǒmen nàli, jiǔyuèfèn shì zhè zhǒng shāngpǐn de shàngshì jìjié.
September is the season for this commodity in our market.

14. 十月份以前货必须装上船，否则我们就赶不上销售季节了。
Shíyuèfèn yǐqián huò bìxū zhuāngshang chuán, fǒuzé wǒmen jiù gǎn-bushàng xiāoshòu jìjié le.
Shipment has to be made before October, otherwise we are not able to catch the season.

15. 你们最早什么时候可以交货？
Nǐmen zuìzǎo shénme shíhou kěyǐ jiāo huò?
When is the earliest you can ship the goods?

16. 三月上旬，这是我们能够答应的最早日期。
Sānyuè shàngxún, zhè shì wǒmen nénggòu dāying de zuìzǎo rìqī.
The earliest shipment we can make is early March.

17. 您知道交货时间对我们来说很重要。
Nín zhīdao jiāohuò shíjiān duì wǒmen láishuō hěn zhòngyào.
You may know that time of delivery is a matter of great importance to us.

18. 非常抱歉，我们不能提前交货。

Fēicháng bàoqiàn, wǒmen bù néng tíqián jiāo huò.

I'm very sorry, we can't advance the time of delivery.

19. 我希望您对我们的要求给以特殊的考虑。

Wǒ xīwàng nín duì wǒmen de yāoqiú gěiyǐ tèshū de kǎolù.

I hope you'll give our request your special attention.

20. 我们和厂家联系一下，听听他们的意见。

Wǒmen hé chǎngjiā liánxì yíxià, tīngting tāmen de yìjian.

We'll get in touch with the manufacturers and see what they have to say.

21. 我们尽量把交货期提前到九月份。

Wǒmen jǐnliàng bǎ jiāohuòqī tíqiándào jiǔyuèfèn.

We'll try our best to advance shipment to September.

22. 如果在香港交货，我们收到货物的时间可能会早得多。

Rúguǒ zài Xiānggǎng jiāo huò, wǒmen shōudào huòwù de shíjiān kěnéng huì zǎodeduō.

We could receive the goods much earlier if shipment were effected from Hong Kong

23. 我们想把商品尽早投入市场。

Wǒmen xiǎng bǎ shāngpǐn jǐnzǎo tóurù shìchǎng.

We want the goods on our market at the earliest possible date.

178

24. 如果我们选择黄埔港,你们能不能在三月底以前交货?

Rúguǒ wǒmen xuǎnzé Huángpǔgǎng, nǐmen néng-
bunéng zài sānyuèdǐ yǐqián jiāo huò?

Can you deliver the goods in the end of March if
we make Whampoa the port of shipment?

25. 交货不会迟于四月上旬。

Jiāo huò bú huì chíyú sìyuè shàngxún.

The shipment will be made not later than the first
half of April.


## 二、替换练习

1. 一般来说,在收到信用证以后<u>三个月内</u>可以交货。

> 两个月内
> 半年内
> 三十天内

2. 如果想要你们<u>六月份</u>交货的话,我应该在什么时候开
立信用证呢?

> 五月份
> 四月份
> 十月份

3. 在交货期前<u>一个月</u>,你方必须开立信用证。

> 三十天
> 四个星期
> 一个半月

4. 你方是不是能在九月份交货？

> 一九九八年四月份
> 明年上半年
> 今年十月份

5. 十月中旬交货，那太晚了！

> 三月上旬
> 四月中旬
> 五月下旬

6. 在我们那里，九月份是这种商品的上市季节。

> 元旦前，　销售旺季
> 圣诞节前，销售旺季
> 感恩节前，上市季节

7. 十月份以前货必须装上船，否则我们就赶不上销售季节了。

> 五月份，上市季节
> 圣诞节，销售旺季
> 复活节，销售季节

8. 三月上旬，这是我们能够答应的最早日期。

> 三月十号
> 四月初
> 六月底

9. 我们尽量把交货期提前到九月份。

> 上半年
> 第一季度
> 第二季度

10. 如果我们选择黄埔港，你们能不能在三月底以前交货？

> 香港，　四月份
> 大阪，　六月份
> 洛杉矶，十月份

# 三、会话

## （一）

A：你方通常需要多长时间交货？

B：一般来说，在收到信用证以后三个月内可以全部交货。

A：对于特殊订货呢？

B：特殊订货的交货时间要长些，但绝不会超过六个月。

## （二）

A：王先生，如果想要你们六月份交货的话，我应该在什么时候开立信用证呢？

B：在交货期前一个月。

A：你们能不能再提前一点交货呢？

B：备货、制单证、订舱位……这些都要时间，您总不能要求我们在不到一个月的时间内就交货吧？

A：好吧。我一回去就马上着手办理开立信用证的手续。

B：那是什么时候呢？

A：下月初。我希望你们能在收到我方信用证后马上发货。

B：这您放心好了。现在就去订舱位。这样，我们在收到你方信用证的两、三个星期内就能发货。

## （三）

A：你方是不是能在九月份交货？

B：我看不行。

A：那么最早什么时候可以交货呢？

B：恐怕要在十月中旬，再①早有困难。

A：那太晚了。在我们那里，十二月份是这种商品的上市季节。您知道，我们的海关手续又相当复杂。

B：这我明白。

A：十月份以前货就必须装上船，否则我们就赶不上销售季节了。

B：我们工厂第三季度的生产任务已全部排满了。很多客户已在订第四季度的货了。

A：王先生，您知道交货时间对我们来说很重要。

B：这我明白。但今年我们做的贸易比以往哪一年都要大。非常抱歉，我们不能提前交货。

A：我希望您对我们的要求给以特殊的考虑。

B：好吧。我们和厂家联系一下，听听他们的意见再说吧②。

## （四）

A：王先生，你们能不能想办法提前交货？

B：由于接连不断收到新的订单，我们厂家目前忙得很，再提前恐怕很难了。

A：那只好是十月中旬了。

B：对，这是我们能够答应的最早日期。

A：好吧。我建议您在合同里写上"十月十五日或以前交货"行吗？我们在九月初开立信用证。

B：好。就这样决定吧。我们尽量③把交货期提前到九月份。

### （五）

A：我想还有一种办法可以确保即期交货。

B：什么办法？

A：把交货港从汕头改为香港，怎么样？

B：我们接受的订货是汕头生产的，所以都是从汕头或黄埔港发货。为什么改为香港呢？

A：是这样的：从汕头到大阪每个月只有一、两次船。从香港到大阪的船却相当多。如果在香港交货，我们收到货物的时间，可能会早得多。

B：噢，是这样。您的意思是说④货在香港转船，是吗？

A：对，就是这个意思。我们想把商品尽早投入市场。

B：不过，在香港转船期间，货物有被偷窃和损坏的危险，交货港从汕头改为黄埔港怎么样？

A：如果我们选择黄埔港，你们能不能在三月底以前交货？

B：我们尽力而为吧？请您放心，不管怎样⑤，交货不会迟于四月上旬。

## 四、生词

1. 日期　（名）　rìqī　　　date
2. 绝　　（副）　jué　　　by any means, on any account

183

| 3. | 超过 | （动） | chāoguò | exceed |
|---|---|---|---|---|
| 4. | 交货期 | （名） | jiāohuòqī | date of delivery |
| 5. | 备货 | （动） | bèihuò | get the goods ready |
| 6. | 制单证 | | zhì dān-zhèng | get the documents ready |
| 7. | 订 | （动） | dìng | book |
| 8. | 舱位 | （名） | cāngwèi | shipping space |
| 9. | 着手 | （动） | zhuóshǒu | set about |
| 10. | 手续 | （名） | shǒuxù | formality |
| 11. | 发货 | （动） | fāhuò | effect shipment |
| 12. | 恐怕 | （副） | kǒngpà | be afraid, to fear |
| 13. | 中旬 | （名） | zhōngxún | the middle ten days of a month |
| 14. | 上市 | （动） | shàngshì | put on the market |
| 15. | 海关 | （名） | hǎiguān | customs |
| 16. | 季度 | （名） | jìdù | quarter |
| 17. | 排满 | （动） | páimǎn | fully booked |
| 18. | 厂家 | （名） | chǎngjiā | manufacturer |
| 19. | 接连不断 | | jiēlián bú duàn | continual |
| 20. | 确保 | （动） | quèbǎo | guarantee |
| 21. | 即期 | （名） | jíqī | prompt |
| 22. | 交货港 | （名） | jiāohuò gǎng | port of destination |
| 23. | 汕头 | （专名） | Shàntóu | Swatow |
| 24. | 黄埔港 | （专名） | Huángpǔ-gǎng | Whampoa |
| 25. | 大阪 | （专名） | Dàbǎn | Osaka |

184

| 26. | 相当 | （副） | xiāngdāng | quite |
|---|---|---|---|---|
| 27. | 转船 | （动） | zhuǎn-chuán | tranship |
| 28. | 偷窃 | （动、名） | tōuqiè | steal, theft |
| 29. | 损坏 | （动） | sǔnhuài | damage |
| 30. | 危险 | （名） | wēixiǎn | risk, danger |
| 31. | 选择 | （动名） | xuǎnzé | choose, choice |
| 32. | 尽力而为 | | jìnlì'ér wéi | to try one's best |
| 33. | 不管 | （连） | bùguǎn | no matter how, in any case |
| 34. | 迟于 | | chí yú | later than |
| 35. | 上旬 | （名） | shàngxún | the first ten days of a month |
| 36. | 下旬 | （名） | xiàxún | the late ten days of a month |
| 37. | 元旦 | （名） | Yuándàn | New Year's Day |
| 38. | 圣诞节 | （名） | Shèng-dànjié | Christmas |
| 39. | 感恩节 | （名） | Gǎn'ēn Jié | Thanksgiving Day |
| 40. | 复活节 | （名） | Fùhuó Jié | Easter |
| 41. | 旺季 | （名） | wàngjì | busy season |
| 42. | （月）底 | （名） | (yuè) dǐ | at the end of (a month) |
| 43. | （月）初 | （名） | (yuè) chū | at the beginning of (a month) |
| 44. | 洛杉矶 | （专名） | Luòshānjī | Los Angeles |

# 五、注释

## 1. 再早

表示假设时，口语常在动词或形容词前加副词"再"，后面常用"就、都"等呼应。这时表示假设的连词可有可无。如：

In spoken Chinese, the adverb "再" is generally placed before a verb or an adjective to indicate a suppositional clause, and the following clause usually contains "就" or "都". In this case, the conjunction is not necessarily expressed. For example:

（1）（如果）双方再坚持，这事就不好说了。

   It will be difficult to settle it, if both sides still insist on their own opinion.

（2）价格再提高，可就要影响订货的数量了。

   If you raise the price again, it will affect the quantity we'd like to order

"再"用在形容词前，还表示程度增加。这时"再"有"更加"的意思。如：

When "再" is used before an adjective, it indicates a greater degree, quantity, quality or size. "再" then conveys the meaning of the English word 'more'. For example:

（3）再快也得两个月后交货。

   The goods will be delivered in two months time at the earliest.

## 2. 再说吧

对对方的建议或要求，一时不能作出肯定的回答时，可以说"再说吧"，"以后再说"，"下次再说"，"以后我再答复你"，"下次咱们再讨论"等。

If it is difficult to give an immediate affirmative reply to suggestions or requests, "再说吧"，"以后再说"，"下次再说"，"以后我再答复你"，"下次咱们再讨论" can be used to put off making a decision until a later date.

## 3. 尽量、尽

表示在一定范围内力求达到最大限度，常在动词或形容词前加副词"尽量"、"尽"。如：

The adverbs "尽量" and "尽"，with the meaning 'to the best of one's ability' or 'as far as possible', are generally placed before the verb or the adjective. For example:

（1）只要我们能办到，尽量满足你们。

　　If we can, we'll try our best to meet your needs.

（2）要尽量听取用户的意见。

　　We'll do our best to get the end-user's comments.

（3）我们希望尽量早一点给我们报盘。

　　We hope you can make us an offer as soon as possible.

"尽"常用在单音节形容词或句前。如：

"尽" is generally placed before a monosyllabic adjective or a clause. For example:

（4）这事请尽早办。

Please do it as soon as possible.

（5）我们一定尽力而为。

We'll try our best.

### 4. 您的意思是说

对对方所说的话不太理解或要进一步证实，可以说，"您的意思是说…"，"您的意思是…"等。

"您的意思是说…" or "您的意思是…" can be used to invite confirmation of or to clarify the other party's statement.

### 5. 不管怎样

表示在任何条件下，结果或结论一定不会改变，常用"不管怎样"、"无论如何"、"不管怎么说"或连词"无论…都…"、"不管…也…"等。如：

To express the idea that the result or the conclusion will never change under any circumstances, the phrases "不管怎样"，"无论如何" or "不管怎么说"，or the conjunctions "不论…都…"，"不管…也…" are very often used. For example:

（1）这批货无论如何要在月底发出。

In any case, the goods must be shipped by the end of the month.

（2）不论发生什么情况，都要履行合同条款。

No matter what happens, we shall carry out the contract.

188

# 第 十 四 课

## 装运条件
### Shipment

## 一、句子

1. 关于装运时间你们是怎么考虑的?

   Guānyú zhuāngyùn shíjiān nǐmen shì zěnme kǎolǜ de?

   When do you think you can ship the goods?

2. 我们一般采用定期装运条件。

   Wǒmen yìbān cǎiyòng dìngqī zhuānyùn tiáojiàn.

   We usually ship the goods by regular liners.

3. 我们这批货, 能不能考虑即期装运?

   Wǒmen zhè pī huò, néng-bunéng kǎolǜ jíqī zhuāng-yùn?

   For this lot, could you consider prompt shipment?

4. 我们这批货的装船期限是什么时候?

   Wǒmen zhè pī huò de zhuāng chuán qīxiàn shì shénme shíhou?

   When is the allotted time for loading?

5. 我们定的装船期限是一九九七年九、十两个月内。

   Wǒmen dìng de zhuāng chuán qīxiàn shì yī-jiǔ-jiǔ-qī nián jiǔ, shí liǎng ge yuè nèi.

   The loading period we fixed is from September to October, 1981.

6. 我们要求允许转运。

Wǒmen yāoqiú yǔnxǔ zhuǎnyùn.

We require that transhipment be allowed.

7. 我们希望最好直运。

Wǒmen xīwàng zuìhǎo zhíyùn.

We hope you can make a direct shipment.

8. 为了便于准备货物，我们希望允许分批装运。

Wèile biànyú zhǔnbèi huòwù, wǒmen xīwàng
yǔnxǔ fēnpī zhuāngyùn.

To make it easier for us to get the goods ready
for shipment, we hope that partial shipment is
allowed.

9. 我们订购的这批货都是季节性商品，还是一次发运为好。

Wǒmen dìnggòu de zhè pī huò dōu shì jìjiéxìng
shāngpǐn, háishì yí cì fāyùn wéihǎo.

The goods we ordered are seasonal goods, so it
will be better to ship them all at once.

10. 我们无法一次发运。

Wǒmen wúfǎ yí cì fāyùn.

We can't ship them all at once.

11. 我们可以负责租船装运。

Wǒmen kěyǐ fùzé zū chuán zhuāngyùn.

We will take the responsibility of chartering a
ship.

12. 装货港是上海港吗?

Zhuānghuògǎng shì Shànghǎigǎng ma?

Is the port of loading Shanghai?

190

13. 像化肥这一类的大宗货得由卖方安排舱位，这对我们
   双方都方便。

   Xiàng huàféi zhè yí lèi de dàzōng huò děi yóu mài
   fāng ānpái cāngwèi, zhè duì wǒmen shuāngfāng
   dōu fāngbiàn.

   For bulk goods such as chemical fertilizers, it's
   the sellers who arrange the shipping space.

14. 我们想让中国租船公司负责租船装运。

   Wǒmen xiǎng ràng Zhōngguó Zūchuán Gōngsī
   fùzé zū chuán zhuāngyùn.

   We prefer to have the China National Chartering
   Corporation take care of the shipping.

15. 装船数量上是不是允许有机动幅度？

   Zhuāngchuán shùliàngshang shì-bushì yǔnxǔ yǒu
   jīdòng fúdù?

   Do you allow any quantity difference when the
   goods are loaded on board ship?

16. 可以有些出入，但不能超过每批准备装船数量的百分
   之五（5％）。

   Kěyǐ yǒu xiē chūrù, dàn bù néng chāoguò měi pī
   zhǔnbèi zhuāng chuán shùliàng de bǎi fēn zhī wǔ
   (5％).

   Yes, there may be some difference, but it can't ex-
   ceed 5％ of the quantity stipulated.

17. 这些差额怎么计算？

   Zhè xiē chā'é zěnme jìsuàn?

   How do you calculate the difference?

18. 差额最后按合同价格结算。

   Chā'é zuìhòu àn hétong jiàgé jiésuàn.

   The difference is calculated according to the con-
   tracted price at a later time.

19. 你们应在货物备妥后十五天到二十五天以内派船到装船口岸。

Nǐmen yīng zài huòwù bèituǒ hòu shí wǔ tiān dào èr shí wǔ tiān yǐ nèi pài chuán dào zhuāng chuán kǒu'àn.

The ship should be at the port of loading within 15 to 25 days after you have got the goods ready.

20. 我们所租的船只按期到达装运口岸后，如果你方不能按时备货装船，就应负担我方所遭受的损失。

Wǒmen suǒ zū de chuánzhǐ ànqī dàodá zhuāng-yùn kǒu'àn hòu, rúguǒ nǐfāng bù néng ànshí bèi huò zhuāng chuán, jiù yīng fùdān wǒfāng suǒ zāoshòu de sǔnshī.

If you can't get the goods ready by the time the ship chartered by us arrives at the port of loading, you will be responsible for the losses thus incurred.

21. 你们买方负责租订船只舱位。

Nǐmen mǎifāng fùzé zūdìng chuánzhǐ cāngwèi.

The buyer is responsible for chartering a ship or booking the shipping space.

22. 货物的一切运输费用应该由你方负担吧？

Huòwù de yíqiè yùnshū fèiyòng yīnggāi yóu nǐfāng fùdān ba?

You should bear all the costs of transportation of the goods, shouldn't you?

23. 我们负担的费用包括出口所需的任何关税费用和其它办理出口的一切手续费。

Wǒmen fùdān de fèiyòng bāokuò chūkǒu suǒ xū de rènhé guānshuì fèiyòng hé qítā bànlǐ chūkǒu de yíqiè shǒuxùfèi.

192

We'll be responsible for the charges including any customs duties on export, as well as any service charges on exporting goods.

24. 你方应在合同规定的装运月份三十天前，将合同号码、货物名称、数量、装运口岸和预计货物到达装运口岸的日期电报通知我们。

Nǐfāng yīng zài hétong guīdìng de zhuāngyùn yuèfèn sān shí tiān qián, jiāng hétong hàomǎ、huòwù míngchēng、shùliàng、zhuāngyùn kǒu'àn hé yùjì huòwù dàodá zhuāngyùn kǒu'àn de rìqī diànbào tōngzhī wǒmen.

As stipulated in the contract, you should inform us by cable, 30 days before the month of shipment, of the contract number, the name of the commodity, quantity, loading port and the estimated date when the goods will reach the port of loading.

25. 你们应在船只受载期十二天前，将船名、预计受载日期、装载量、合同号码、船舶代理人电报通知我们。

Nǐmen yīng zài chuánzhī shòuzàiqī shí èr tiān qián, jiāng chuánmíng、yùjì shòuzài rìqī、zhuāngzàiliàng、hétong hàomǎ、chuánbó dàilǐrén diànbào tōngzhī wǒmen.

You should advise us by cable, 12 days before the date of loading, of the name of ship, expected laydays, loading capacity, contract number and the shipping agents.

## 二、替换练习

1. 我们这批货，能不能考虑即期装运?

| 定期装运 |
| 分批装运 |
| 转运 |

2. 我们定的装船期限是一九九七年九、十两个月内。

> 一九九七年三、四
> 一九九九年六、七
> 二〇〇〇年九、十

3. 我们要求允许转运。

> 直运
> 分批装运
> 即期装运

4. 我们希望最好直运。

> 转运
> 分批装运
> 定期装运

5. 装货港是上海港吗？

> 大连港
> 马赛港
> 大阪港

6. 像化肥这一类的大宗货得由卖方安排舱位，这对我们双方都方便。

> 机床，货物
> 小麦，大宗货
> 汽车，货物

194

7. 我们想让<u>中国租船公司</u>负责租船装运。

> 百保利轮船公司
> 荷兰轮船公司

8. 机动幅度不能超过每批准备装船数量的<u>百分之五（5%）</u>。

> 百分之三（3%）
> 百分之二（2%）
> 百分之一（1%）

9. 你们应在货物备妥后<u>十五天到二十五天</u>以内派船到装船口岸。

> 十天到十五天
> 三个星期
> 二十天到二十五天

10. 你们买方负责<u>租订船只舱位</u>。

> 装运这批货物
> 租船
> 订舱位

11. 你方应在合同规定的装运月份<u>三十天</u>前，将<u>合同号码</u>电报通知我们。

> 一个月，　货物名称
> 三周，　　　货物数量
> 三十天，装运口岸
> 十五天，到达日期

# 三、会话

## （一）

A：关于装运时间你们是怎么考虑的？

B：我们一般采用定期装运条件。

A：我们这批货，能不能考虑即期装运？

B：恐怕不行。要我们在几个星期内准备好全部货物是不可能的。

A：那我们这批货的装船期限是什么时候？

B：我们定的装船期限是一九九七年九、十两个月内。

## （二）

A：王先生，刚接到百保利轮船公司通知，这批货的目的港不在航线上，要求允许转运。

B：货物转运要延长运输时间，而且容易造成残损。我们希望最好直运。

A：现在另租船怕来不及了，我们只好要求转船。

B：货物转运要加收转运附加费，这①对我方不利。我们希望你们考虑其它办法。

A：这样吧，我们提前半个月交货，怎么样？

B：那好，我们允许转船。

## （三）

A：伊藤先生，你们订购的这批货物数量很大，为便于准备货物，安排船只，我们希望允许分批装运。

B：我们订购的这批货都是季节性商品，还是一次发运为好。

A：目前无法一次租订到那么多的舱位，而且货物不是存储在同一装运地点，所以还是希望你们能同意分批装运。

B：如果需要的话，我们可以负责租船装运。

A：可是我们报的是到岸价格呀。

B：好吧，为了今后的业务，我们同意分批装运。

A：装货港是上海港吗？

B：我们一般规定装运港为"中国港口"。这样便于货物在就近的港口装运，也便于议付结汇。

### （四）

A：王先生，像化肥这一类的大宗货得由卖方安排舱位，这对我们双方都方便。

B：我们想让中国租船公司负责租船装运。

A：那好吧。那么装船数量上是不是允许有机动幅度？

B：可以有些出入，但不能超过每批准备装船数量的百分之五（5%）。

A：这些差额怎么计算？

B：差额最后按②合同价格结算。

A：你们应在货物备妥后十五天到二十五天以内派船到装船口岸。否则，货物在仓库中的储存费将由你方负担。

### （五）

A：现在我们谈谈这批货的 F.O.B.交货条件吧。

B：好吧。

A：你们买方负责订船只舱位并将船期、船名及时通知我方。

B：你方所承担的责任到什么时候为止？

A：直到货物在装运口岸越过船舷为止。

B：货物的一切运输费用应该由你方负担吧？

A：对，我们负担货物的一切费用直到货物挂上受载船只的吊钩为止。

B：都包括哪些费用呢？

A：包括出口所需的任何关税费用和其他办理出口的一切手续费。

B：再有⑧，你方应在合同规定的装运月份三十天前，将合同号码、货物名称、数量、装运口岸和预计货物到达装运口岸的日期电报通知我们，以便我方安排舱位。

A：好的。你们也应在船只受载期十二天前，将船名、预计受载日期、装载量、合同号码、船舶代理人电报通知我们。

## 四、生词

| | | | |
|---|---|---|---|
| 1. 装运 | （动） | zhuāngyùn | to make shipment |
| 2. 定期 | （名） | dìngqī | fix a date at regular intervals |
| 3. 即期 | （名） | jíqī | immediate |
| 4. 装船 | | zhuāng chuán | load the goods on ship |
| 5. 期限 | （名） | qīxiàn | time limit, alloted time, deadline. |
| 6. 目的港 | （名） | mùdìgǎng | port of destination |
| 7. 航线 | （名） | hángxiàn | route, course |
| 8. 允许 | （动） | yǔnxǔ | permit |
| 9. 转运 | （动） | zhuǎnyùn | tranship |

| 10. | 运输 | （动） | yùnshū | transport |
|---|---|---|---|---|
| 11. | 残损 | （名） | cánsǔn | defective, damaged |
| 12. | 直运 | （动） | zhíyùn | ship the goods directly, a direct shipment |
| 13. | 租船 | | zū chuán | charter |
| 14. | 来不及 | | lái bù jí | not enough time |
| 15. | 转船 | | zhuǎn chuán | tranship |
| 16. | 附加费 | （名） | fùjiāfèi | additional charge |
| 17. | 船只 | （名） | chuánzhī | ship |
| 18. | 分批 | （副） | fēnpī | partial |
| 19. | 季节性 | （名） | jìjiéxìng | seasonal |
| 20. | 发运 | （动） | fāyùn | ship |
| 21. | 为好 | | wéi hǎo | would be better |
| 22. | 租订 | （动） | zūdìng | charter |
| 23. | 存储 | （动） | cúnchǔ | save, store |
| 24. | 装货港 | （名） | zhuānghuògǎng | port of loading |
| 25. | 港 | （名） | gǎng | port |
| 26. | 装运港 | （名） | zhuāngyùngǎng | port of loading |
| 27. | 港口 | （名） | gǎngkǒu | port |
| 28. | 就近 | （副） | jiùjìn | nearby |
| 29. | 议付结汇 | | yìfù jiéhuì | negotiate payment |
| 30. | 大宗货 | （名） | dàzōnghuò | goods of large quantity |
| 31. | 舱位 | （名） | cāngwèi | shipping space |

| 32. | 机动 | （形） | jīdòng | flexible |
|---|---|---|---|---|
| 33. | 幅度 | （名） | fúdù | range,extent |
| 34. | 出入 | （名） | chūrù | difference, discrepancy |
| 35. | 差额 | （名） | chā'é | margin, difference |
| 36. | 结算 | （动、名） | jiésuàn | settle accounts |
| 37. | 备妥 | （动） | bèituǒ | get the goods ready |
| 38. | 派 | （动） | pài | send |
| 39. | 仓库 | （名） | cāngkù | storage |
| 40. | 储存费 | （名） | chǔcúnfèi | storage |
| 41. | 负担 | （动、名） | fùdān | bear |
| 42. | F.O.B.交货条件 | | F.O.B. jiāohuò tiáojiàn | Free on Board delivery terms |
| 43. | 船期 | （名） | chuánqī | shipping schedule, sailing date |
| 44. | 船名 | （名） | chuánmíng | name of ship |
| 45. | 承担 | （动） | chéngdān | be held responsible |
| 46. | 为止 | | wéi zhǐ | up to |
| 47. | 越过 | （动） | yuèguò | pass over |
| 48. | 船舷 | （名） | chuánxián | ship's rail |
| 49. | 费用 | （名） | fèiyòng | expenses |
| 50. | 挂上 | （动） | guàshang | hitch |
| 51. | 受载 | | shòu zài | carry |
| 52. | 吊钩 | （名） | diàogōu | hooks |
| 53. | 关税 | （名） | guānshuì | customs duty |
| 54. | 手续费 | （名） | shǒuxùfèi | service charge |
| 55. | 号码 | （名） | hàomǎ | number |

| 56. | 名称 | （名） | míngchēng | name |
|---|---|---|---|---|
| 57. | 预计 | （动） | yùjì | estimate |
| 58. | 电报 | （名） | diànbào | telegram |
| 59. | 受载期 | （名） | shòuzàiqī | loading date, laydays |
| 60. | 装载量 | （名） | zhuāng-zàiliàng | loading capacity |
| 61. | 船舶 | （名） | chuánbó | ship |
| 62. | 代理人 | （名） | dàilǐrén | agent |
| 63. | 荷兰轮船公司（专名） | | Hélán Lúnchuán Gōngsī | |

Shipping Company of the Netherlands

## 五、注释

### 1. 这对我方不利

口语中，常在小句开头用代词"那"、"这"复指前文。如：

In spoken Chinese the pronoun"那"，"这"，generally comes first in a clause to refer to the things just mentioned. For example:

（1）你还没说交货日期呢，那是我们最关心的。

You haven't said anything about the date of delivery which is the problem we are most concerned about.

（2）——我们现在都能如期交货。

——那太好了!

We can make delivery according to the schedule.

That's very good!

## 2. 按合同价格结算

表示遵从某种标准，或提出行为、动作所遵循的准则或依据，常用介词"按"，"按照"，"按着"等。如：

The prepositon "按"，"按照"，"按着" is very often used to indicate a certain standard or to introduce an action or behaviour as the principle to follow. For example：

这些产品是按照客户的要求设计的。

These products are made according to the client's design.

"按照"、"按着"的宾语不能是单音节的。

"按照" or "按着" does not require a monosyllabic object.

## 3. 再有

表示在上文所说的理由之外，尚有进一步的补充，常用"另外"、"此外"、"其次"、"再有"、"再说"、"再则"引出补充的理由。如：

"另外"，"此外"，"其次"，"再有"，"再说"，"再则" is very often used to introduce an additional explanation or reason. For example:

（1）我们开信用证要花很多钱，再有，也会影响我们的资金周转。

To open an L/C is expensive, besides, it will tie up the capital.

（2）你们的价格太高，再说，交货期也晚，这次我们就不打算多订了。

The price you quote is rather high, besides, delivery is too late, so we can't place a large order.

# 第 十 五 课
## 包 装
### Packing

## 一、句子

1. 我们订购的这批货，不知你们是怎么包装的?
   Wǒmen dìnggòu de zhè pī huò, bùzhī nǐmen shì zěnme bāozhuāng de?
   How would you pack the goods we have ordered?

2. 丝绸女衫的包装是一件装一个聚乙烯口袋。
   Sīchóu nǚshān de bāozhuāng shì yí jiàn zhuāng yí ge jùyǐxī kǒudai.
   We use a polythene wrapper for each silk blouse.

3. 装在这样的袋子里有助于推销。
   Zhuāngzài zhèyàng de dàizi lǐ yǒuzhùyú tuīxiāo.
   A wrapping like this will help push the sales.

4. 这批玩具你们打算用什么方式包装?
   Zhè pī wánjù nǐmen dǎsuan yòng shénme fāngshì bāozhuāng?
   How will you pack this batch of toys?

5. 玩具我们一般都用纸盒包装。
   Wánjù wǒmen yìbān dōu yòng zhǐhé bāozhuāng.
   We usually use cardboard boxes for toys.

6. 我们希望包装美观一些。

Wǒmen xīwàng bāozhuāng měiguān yì xiē.

We would hope the packing could be more attractive.

7. 我们希望图案和色彩能照顾欧洲人的心理。

Wǒmen xīwàng tú'àn hé sècǎi néng zhàogù Ōuzhōu rén de xīnlǐ.

We hope that the design and the colour will suit European taste.

8. 你们如果有更好的包装方式可以向我们推荐。

Nǐmen rúguǒ yǒu gènghǎo de bāozhuāng fāngshì kěyǐ xiàng wǒmen tuījiàn.

Your recommendations on improving packing would be appreciated.

9. 这是我们的包装设计，请转给厂方，供他们参考。

Zhè zhǐ wǒmen de bāozhuāng shèjì, qǐng zhuǎn-gěi chǎngfāng, gòng tāmen cānkǎo.

This is our design for the packing. Could you possibly give it to the manufacturers for their reference?

10. 我们希望在包装上能改进一下。

Wǒmen xīwàng zài bāozhuāngshang néng gǎijìn yíxià.

We hope that you can make some improvements in the packing.

11. 吸引人的包装便于我们推销商品。

Xīyǐn rén de bāozhuāng biànyú wǒmen tuīxiāo shāngpǐn.

Attractive wrapping would help us sell the goods.

12. 外包装是怎么样的？

Wài bāozhuāng shì zěnmeyàng de?

What about the outer packing?

13. 这种货十打装一纸箱,每箱毛重约二十五（25）公斤。
    Zhè zhǒng huò shídá zhuāng yì zhīxiāng, měi
    xiāng máozhòng yuē èr shí wǔ (25) gōngjīn.
    We'll pack the goods 10 dozen to a carton, gross
    weight around 25 kilos a carton.

14. 这种纸箱用于远洋运输,恐怕不够结实。
    Zhè zhǒng zhǐxiāng yòngyú yuǎnyáng yùnshū,
    kǒngpà búgòu jiēshi.
    I'm afraid the cardboard boxes are not strong
    enough for transport by sea.

15. 我们用的是硬纸板箱。
    Wǒmen yòng de shì yìngzhǐbǎnxiāng.
    We use cardboard boxes.

16. 这种纸箱比较轻。
    Zhè zhǒng zhǐxiāng bǐjiào qīng.
    This sort of carton is comparatively light.

17. 你们有加固措施吗?
    Nǐmen yǒu jiāgù cuòshī ma?
    Will you take measures to reinforce them?

18. 我们用铁皮带加固。
    Wǒmen yòng tiěpídài jiāgù.
    We'll reinforce them with iron straps.

19. 包装要适合于海运。
    Bāozhuāng yào shìhéyú hǎiyùn.
    Packing should be suitable for transport by sea.

20. 你们能不能改用木箱?
    Nǐmen néng-bunéng gǎiyòng mùxiāng?
    Could you use wooden cases instead?

21. 如果你们坚持，我们可以使用木箱包装。

Rúguǒ nǐmen jiānchí, wǒmen kěyǐ shǐyòng mù-xiāng bāozhuāng.

We could use wooden cases for packing if you insist.

22. 这种包装的费用比较高。

Zhè zhǒng bāozhuāng de fèiyòng bǐjiào gāo.

This kind of packing costs more.

23. 装箱时，最好每箱搭配两到三种花样，这样便于我们发售给零售商。

Zhuāngxiāng shí, zuìhǎo měi xiāng dāpèi liǎng dào sān zhǒng huāyàng, zhèyàng biànyú wǒmen fāshòu gěi língshòushāng.

When you pack, please put 2 or 3 different designs and colours in each box. This will make it convenient for us to make distribution to the retailers.

24. 您能不能报给我们一批中性商标的罐头？

Nín néng-bunéng bàogěi wǒmen yì pī zhōngxìng shāngbiāo de guàntou?

Would you consider quoting us for the order with neutral packing in cans?

25. 我们通常自己贴上商标，因为我们要对自己产品的牌子负责。

Wǒmen tōngcháng zìjǐ tiēshàng shāngbiāo, yīn-wèi wǒmen yào duì zìjǐ chǎnpǐn de páizi fùzé.

We usually do the labelling ourselves as we are responsible for the brand labels of our own products.

## 二、替换练习

1. 我们订购的这批货，不知你们是怎么包装的？

> 丝绸女衫
> 玩具
> 荔枝

2. 丝绸女衫的包装是一件装一个聚乙稀口袋。

> 玩具，　一套，　一个纸盒
> 电视机，一台，　　一纸箱
> 小麦，　一百公斤，一麻袋

3. 玩具我们一般都用纸盒包装。

> 丝绸女衫，聚乙稀口袋
> 荔枝罐头，木箱
> 电视机，　硬纸板箱

4. 我们希望包装美观一些。

> 结实一点儿
> 坚固一些
> 漂亮一点儿

5. 我们希望图案和色彩能照顾欧洲人的心理。

> 非洲人，习惯
> 中国人，风俗
> 儿童，　心理

208

6. 这种货十打装一纸箱,每箱毛重约二十五（25）公斤。

> 十件，一盒，　五公斤
> 十双，一纸箱，十公斤
> 一台，一木箱，五吨

7. 我们用的是硬纸板箱。

> 纸箱
> 麻袋
> 木箱

8. 这种纸箱比较轻。

> 木箱，　比较结实
> 铁桶，　比较坚固
> 塑料袋，比较美观

9. 你们有加固措施吗?

> 防水
> 防潮
> 防震

10. 这种包装的费用比较高。

> 太高
> 比较低
> 比较合适

## 三、会话

### （一）

A：王先生，我们来谈谈包装吧？

B：好的。

A：我们订购的这批丝绸女衫，不知你们是怎么包装的？

B：丝绸女衫的包装是一件装一个聚乙稀口袋。装在这样的袋子里有助于推销。

A：好。这样可以直接在橱窗里陈列。外包装是怎么样的？

B：十打装一纸箱，每箱毛重约二十五（25）公斤。

A：装箱时，最好①每箱搭配两到三种花样，这样便于我们批发给零售商。

### （二）

A：王先生，这种纸箱用于远洋运输恐怕不够②结实，你们能不能改用木箱？

B：我们用的是瓦楞硬纸板箱。纸箱比较轻，容易搬运。而且纸箱一般不会和沉重的物件堆放在一起。

A：有加固措施吗？

B：有。我们用铁皮带加固。

A：不管使用什么箱子，只要适合于海运，经得起③震动和碰撞就行。

B：这点请您放心好了。

### （三）

A：王先生，我们这批货要在汉堡或伦敦转运。如果纸箱堆放在露天码头，潮气和雨水有可能渗透进去。不知④你们有什么防水措施？

**B**：纸箱内都衬有⑧塑料布，是防水的。你们可不必担心。

**A**：纸箱容易被扯开，这就增加了被偷盗的危险。

**B**：纸箱弄破很容易被检查出来，这倒减少了被偷盗的可能性。

**A**：我还是有些担心，你们能不能改用木箱？

**B**：如果你坚持，我们可以使用木箱，但包装费用比较高，而且发运还要延期。

**A**：那还是用纸箱包装吧。

## （四）

**A**：这批玩具你们打算用什么方式包装？

**B**：玩具我们一般都用纸盒包装。

**A**：我们希望包装美观一些。

**B**：请看，这是包装样品。

**A**：我们希望图案和色彩能照顾欧洲人的心理和习惯。

**B**：你们如果有更好的包装方式或设计，也可以向我们推荐，我们可以负责转告厂方。

**A**：这是我们的包装设计，请转给厂方，供他们参考。

**B**：好的。我们也希望在包装上能改进一下。

**A**：这很好。您知道目前同类商品在国际市场上竞争很厉害，吸引人的包装便于我们推销商品。

## （五）

**A**：王先生，根据我国对进口食品的规定，我们订购的这批荔枝罐头就不能使用你们现在用的商标。

**B**：为什么呢？我们的荔枝罐头和其它罐头食品在世界各地市场上已广泛销售，这个商标也已被大多数国外客户和进口商所接受。

**211**

A：这我知道，但我们必须根据我国的法律，否则，这批货海关就不能通过。

B：那您有什么建议？

A：您能不能报给我们--批中性商标的罐头，以 C．I．F．香港交货价为基础？我们在那儿的联号可以把符合规定的商标印在上面。

B：但我们要对自己产品的牌子负责。不过，只要你们的要求合理，我们可以考虑。

A：那太感谢您了⑥。

## 四、生词

| | | | |
|---|---|---|---|
| 1. 包装 | （动、名） | bāozhuāng | pack |
| 2. 丝绸 | （名） | sīchóu | silk |
| 3. 女衫 | （名） | nǚshān | blouse |
| 4. 聚乙烯 | （名） | jùyǐxī | polythene |
| 5. 口袋 | （名） | kǒudai | bag |
| 6. 有助于 | | yǒu zhù yú | help |
| 7. 推销 | （动） | tuīxiāo | push the sales |
| 8. 橱窗 | （名） | chúchuāng | window |
| 9. 陈列 | （动） | chénliè | display |
| 10. 纸箱 | （名） | zhǐxiāng | carton |
| 11. 毛重 | （名） | máozhòng | gross weight |
| 12. 搭配 | （动） | dāpèi | arrange, assort |
| 13. 花样 | （名） | huāyàng | design |
| 14. 批发 | （动） | pīfā | wholesale |
| 15. 零售商 | （名） | língshòu-shāng | retailer |
| 16. 远洋 | （名） | yuǎnyáng | ocean, sea |

| | | | |
|---|---|---|---|
| 17. 结实 | （形） | jiēshi | strong |
| 18. 木箱 | （名） | mùxiāng | wooden cases |
| 19. 瓦楞 | （名） | wǎléng | corrugate |
| 20. 硬纸板箱 | （名） | yìngzhǐbǎnxiāng | cardboard boxes |
| 21. 搬运 | （动） | bānyùn | handle, move |
| 22. 沉重 | （形） | chénzhòng | heavy |
| 23. 物件 | （名） | wùjiàn | goods |
| 24. 堆放 | （动） | duīfàng | stow |
| 25. 加固 | （动） | jiāgù | reinforce |
| 26. 措施 | （名） | cuòshī | method, measure |
| 27. 铁皮带 | （名） | tiěpídài | iron strap |
| 28. 海运 | （名） | hǎiyùn | sea voyage |
| 29. 经得起 | | jīng de qǐ | can stand |
| 30. 震动 | （动） | zhèndòng | jolt |
| 31. 碰撞 | （动） | pèngzhuàng | collide |
| 32. 汉堡 | （专名） | Hànbǎo | Hamburg |
| 33. 伦敦 | （专名） | Lúndūn | London |
| 34. 露天 | （形） | lùtiān | open |
| 35. 码头 | （名） | mǎtou | wharf |
| 36. 潮气 | （名） | cháoqì | dampness |
| 37. 渗透 | （动） | shèntòu | penetrate |
| 38. 防水 | | fáng shuǐ | water-proof |
| 39. 衬有 | （动） | chènyǒu | lined with |
| 40. 塑料布 | （名） | sùliàobù | plastic sheets |
| 41. 扯开 | （动） | chěkāi | tear open |

213

| | | | |
|---|---|---|---|
| 42. 偷盗 | （动） | tōudào | steal |
| 43. 弄破 | （动） | nòngpò | break |
| 44. 包装费 | （名） | bāozhuāngfèi | packing expenses |
| 45. 发运 | （动） | fāyùn | despatch |
| 46. 延期 | （动） | yánqī | extend, delay |
| 47. 玩具 | （名） | wánjù | toy |
| 48. 纸盒 | （名） | zhǐhé | paper box, carton |
| 49. 美观 | （形） | měiguān | beautiful |
| 50. 图案 | （名） | tú'àn | picture, design |
| 51. 色彩 | （名） | sècǎi | colour |
| 52. 心理 | （名） | xīnlǐ | psychology |
| 53. 设计 | （动、名） | shèjì | design |
| 54. 推荐 | （动） | tuījiàn | recommend |
| 55. 改进 | （动） | gǎijìn | improve |
| 56. 吸引人 | （形） | xīyǐnrén | attractive |
| 57. 食品 | （名） | shípǐn | food stuffs |
| 58. 荔枝 | （名） | lìzhī | lichee |
| 59. 商标 | （名） | shāngbiāo | label |
| 60. 法律 | （名） | fǎlǜ | law |
| 61. 中性商标 | （名） | zhōngxìng shāngbiāo | unlabelled, neutral packing |
| 62. 联号 | （名） | liánhào | associated company |
| 63. 印 | （动） | yìn | print |
| 64. 牌子 | （名） | páizi | brand |
| 65. 标明 | （动） | biāomíng | state |
| 66. 净重 | （名） | jìngzhòng | net weight |
| 67. 防潮 | | fáng cháo | dampproof |

214

| 68. 防震 | （动） | fángzhèn | shockproof |
| 69. 坚固 | （形） | jiāngù | strong |
| 70. 漂亮 | （形） | piàoliang | beautiful |

## 五、注释

### 1. 最好

表示最理想的选择，最大的希望，常用习用语"最好"、"顶好"。如：

To express the best choice or the greatest hope, the phrase "最好" or "顶好" can be used. For example:

你最好亲自去一趟。

The best thing would be to go there yourself.

### 2. 够

表示达到一定标准，口语常用"够"。被修饰的形容词一般是积极意义的，不能是相应的反义词。如：

The adverb "够" is frequently used in spoken Chinese to express the idea of having arrived at a certain standard or level. The modified adjective usually has a cheerful and active meaning, not the opposite. For example:

（1）你公司生产的蜡，质量还有缺点，即颜色不够白，又容易变色、变黄。

There is a defect in the wax you produce, that is, the colour is not white enough and it turns yellow easily.

表示程度很高，也常用副词"够"。这时句尾多加"的"或"了"。如：

The adverb "够" is also very often used, with "的" or "了" at the end of the sentence, to express the meaning of having arrived at greatness in degree, quantity, etc. For example:

（2）今天天气够冷的。

It's very cold today.

（3）真丝头巾用尼龙袋和纸箱包装够结实的了。

A plastic bag and a carton are strong enough to pack pure silk scarfs in.

## 3. 经得起

表示有（没有）某种能力或能（不能）经受住，常用"动＋得（不）＋起"的格式。如：

The pattern 'V ＋得（不）＋起' is generally used to express the idea of having (or not having) the power to stand or put up with something. For example:

（1）要降低定价，让大家都买得起。

The price should be cut so that people can afford it.

（2）玻璃制品经不起碰撞，应该有加固措施。

Glassware can't take rough handling, so the packing should be reinforced.

## 4. 不知

口语中表示询问，为使询问时语气和缓，可在选择问句前用"不知"。"不知"即"不知道"，"不知"可放在主语前也可放在主语后。如：

216

In spoken Chinese, "不知" can be put in the initial position in an alternative question to make the tone milder. "不知" with the meaning of 'do not know' can be placed either before or after the subject. For example:

（1）不知他今天来不来？

I don't know if he will come today.

（2）他不知了解不了解行情？

I don't know if he has any information about market conditions.

## 5. 衬有

在单音节的动词后，表示具有，常加动词 "有"。如：
The verb "有" is usually placed after a monosyilabic verb with the meaning "with (something)" or "having (something)". For example:

（1）信用证上盖有图章。

There is a stamp on the letter of credit.

（2）说明书上写有详细介绍。

There is a detailed description in the catalogue.

（3）我公司备有现货，欢迎选购。

We have stock-goods available. You are welcome to make a selection.

这时动词 "有" 和前面的动词结合紧密，类似一个词。
Thus, the verb "有" closely integrates with the previous as one unit.

## 6. 太感谢您了

口语中表示感谢时，常用"谢谢您"、"非常感谢"、"多谢多谢"、"真不知怎么感谢您才好"、"太感谢您了"等。

"谢谢您"，"非常感谢您"，"多谢多谢"，"真不知怎么感谢您才好"，"太感谢您了"，are all used to express gratitude.

# 第 十 六 课

## 保　险
### Insurance

## 一、句子

1. 你们的保险条款中有哪些险别?

   Nǐmen de bǎoxiǎn tiáokuǎn zhōng yǒu nǎxiē xiǎn-bié?

   What do your insurance clauses cover?

2. 主要条款有平安险、水渍险和综合险三种。

   Zhǔyào tiáokuǎn yǒu píng'ānxiǎn、shuǐzìxiǎn hé zōnghéxiǎn sān zhǒng.

   There are three basic covers, namely, Free from Particular Average, With Particular Average and All Risks.

3. 保险责任的起讫期限是多长?

   Bǎoxiǎn zérèn de qǐqì qīxiàn shì duōcháng?

   How long is the period from the commencement to termination of insurance?

4. 被保险货物在最后卸载港卸离海轮后，保险责任以六十（60）天为限。

   Bèi bǎoxiǎn huòwù zài zuìhòu xièzàigǎng xièlí hǎilún hòu, bǎoxiǎn zérèn yǐ liù shí (60) tiān wéi xiàn.

   The cover shall be limited to sixty days upon discharge of the insured goods from the seagoing vessel at the final port of discharge.

5. 我们采用国际保险中惯用的"仓至仓"责任条款。

Wǒmen cǎiyòng guójì bǎoxiǎn zhōng guànyòng de "Cāng zhì cāng" zérèn tiáokuǎn.

We adopt the warehouse to warehouse clause which is commonly used in international insurance.

6. 投保"一切险",在全部承保期内的任何时间,不论海上或陆上所产生的意外事故,其全部损失都予以赔偿。

Tóubǎo "yíqièxiǎn", zài quánbù chéngbǎoqī nèi de rènhé shíjiān, búlùn hǎishang huò lùshang suǒ chǎnshēng de yìwài shìgù, qí quánbù sǔnshī dōu yǔyǐ péicháng.

For the cover of All Risks the insurance company shall be liable for total or partial loss on land or sea of the insured goods within the period covered by the insurance.

7. "水渍险"和"平安险"有什么区别呢?

"Shuǐzìxiǎn" hé "píng'ānxiǎn" yǒu shénme qūbié ne?

What's the difference bewteen W.P.A. and F.P.A.?

8. "水渍险"所负的责任较宽。

"Shuǐzìxiǎn" suǒ fù de zérèn jiào kuān.

The W.P.A. insurance covers more risks than the F.P.A.

9. 这两种基本险的保险范围是什么?

Zhè liǎng zhǒng jīběnxiǎn de bǎoxiǎn fànwéi shì shénme?

What is the scope of these two basic covers?

10. 保险范围写在基本保险单内和各种险别的条款里。

Bǎoxiǎn fànwéi xiězài jīběn bǎoxiǎndān nèi hé gè zhǒng xiǎnbié de tiáokuǎn li.

The scope of cover is written in the basic policy form and the clauses for different covers.

11. 我们这批货如果以 **C.I.F.** 价格条件成交，你们负责投保哪些险别？

Wǒmen zhè pī huò rúguǒ yǐ C.I.F. jiàgé tiáojiàn chéngjiāo, nǐmen fùzé tóubǎo nǎxiē xiǎnbié?

If we conclude the business on CIF basis, what cover will you take out for the goods?

12. 我们只负责投保水渍险。

Wǒmen zhǐ fùzé tóubǎo shuǐzìxiǎn.

We'll only insure W.P.A.

13. 我们的价格没有把任何附加险计算在内。

Wǒmen de jiàgé méiyǒu bǎ rènhé fùjiāxiǎn jìsuàn zài nèi.

Our prices were calculated without insurance against any extraneous risks.

14. 你们可以为我们加保破碎险吗？

Nǐmen kěyǐ wèi wǒmen jiābǎo pòsuìxiǎn ma?

Could you cover the Risk of Breakage for us?

15. 破碎险属于一般附加险。

Pòsuìxiǎn shǔyú yìbān fùjiāxiǎn.

Risk of Breakage is classified under extraneous risks.

16. 我们可以为你们加保破碎险。

Wǒmen kěyǐ wèi nǐmen jiābǎo pòsuìxiǎn.

We can cover the Risk of Breakage for you.

17. 加保破碎险的费用由谁负担？

Jiābǎo pòsuìxiǎn de fèiyòng yóu shuí fùdān?

Who will pay the premium for the risk of breakage?

18. 增加的费用由买方负担。

Zēngjiā de fèiyòng yóu mǎifāng fùdān.

The additional premium is for the buyer's account.

19. 请为我们这批货加保破碎险。

Qǐng wèi wǒmen zhè pī huò jiābǎo pòsuìxiǎn.

Please also cover the Risk of Breakage for this consignment.

20. 我们按发票总金额的百分之一百一十（110%）投保水渍险。

Wǒmen àn fāpiào zǒngjīn'é de bǎi fēn zhī yī bǎi yī shí (110%) tóubǎo shuǐzìxiǎn.

We shall cover W.P.A. for 110% of the invoiced value.

21. 你们这批货是以 F.O.B. 条件成交的，应该由你方自行投保。

Nǐmen zhè pī huò shì yǐ F.O.B. tiáojiàn chéngjiāo de, yīnggāi yóu nǐfāng zìxíng tóubǎo.

We have concluded the business on an FOB basis, so the insurance should be effected by you.

22. 你们打算投保哪些险别?

Nǐmen dǎsuan tóubǎo nǎxiē xiǎnbié?

What cover will you take out?

23. 我们这次准备投保水渍险。

Wǒmen zhè cì zhǔnbèi tóubǎo shuǐzìxiǎn.

We want W.P.A. cover this time.

24. 你们的保险公司一般承保哪些险别?

Nǐmen de bǎoxiǎn gōngsī yìbān chéngbǎo nǎxiē xiǎnbié?

What types of cover does your insurance company usually underwrite?

25. 我们保险公司一般承保水渍险。

Wǒmen bǎoxiǎn gōngsī yìbān chéngbǎo shuǐzìxiǎn.

Our company generally underwrites W.P.A.

## 二、替换练习

1. 被保险货物在最后卸载港卸离海轮后，保险责任以六十（60）天为限。

| |
|---|
| 五十天 |
| 七十天 |
| 两个月 |

2. "水渍险"和"平安险"有什么区别呢？

| | |
|---|---|
| 一切海洋运输货物险， | 一切险 |
| 一切险， | 平安险 |
| 水渍险， | 一切险 |

3. "水渍险"所负的责任较宽。

| | |
|---|---|
| 一切海洋运输货物险， | 更为有限 |
| 一切险， | 比较宽 |
| 平安险， | 较窄 |

4. 这两种基本险的保险范围是什么？

| |
|---|
| 水渍险 |
| 平安险 |
| 一切险 |

5. 我们的价格没有把任何附加险计算在内。

| |
|---|
| 破碎险 |
| 偷窃险 |
| 淡水险 |

6. 你们可以为我们加保破碎险吗?

> 油渍险
> 油污险
> 钩损险

7. 请为我们这批货加保破碎险。

> 渗漏险
> 沾污险
> 战争险

8. 我们按发票总金额的<u>百分之一百一十（110%）</u>投保水渍险。

> 百分之一百零五（105%）
> 百分之一百一十五（115%）
> 百分之一百零三（103%）

9. 我们这次准备投保<u>水渍险</u>。

> 平安险
> 钩损险
> 破碎险.

10. 我们保险公司一般承保<u>水渍险</u>。

> 一切险
> 平安险
> 一切海洋运输货物险

224

# 三、会话

## （一）

**A**：王先生，您能不能谈谈中国人民保险公司海洋运输货物保险条款的主要条款？

**B**：可以。保险公司对运输途中由于自然灾害、意外事故等外来原因所造成的损失负责。

**A**：这我知道。

**B**：由于被保险人的故意行为、发货人不履行合同所负的责任，以及①商品在运输途中的自然损耗等，保险公司不负赔偿责任。

**A**：保险条款中有哪些险别？

**B**：主要条款有平安险、水渍险和综合险三种，另外②还有特别附加险。

**A**：保险责任的起讫期限是多长？

**B**：我们采用国际保险中惯用的"仓至仓"责任条款，被保险货物在最后卸载港卸离海轮后，保险责任以六十（60）天为限。

## （二）

**A**：王先生，"一切海洋运输货物险"是否意味着比"一切险"范围窄一些呢？

**B**：英国人对"海洋运输货物险"只理解为海运中的意外风险。

**A**：那也就是说，投保"一切海洋运输货物险"，其损失的赔偿只限于因海上灾难和海运意外事故所引起的损失，对吗？

**B**：对。但投保"一切险"，在全部承保期内的任何时间，不论海上或陆上所产生的意外事故，其全部损失都予以赔偿。

A：这么说来，"一切海洋运输货物险"比"一切险"所承保的责任范围更为有限。

B：是的。

## （三）

A：王先生，"水渍险"与"平安险"有什么区别呢？

B："平安险"条款不包括单独海损性质的部分损失，而"水渍险"条款当超过事先商定的百分比时，就包括这类损失。

A：这么说，"水渍险"所负的责任较宽。

B：对。所以收费也比平安险高。

A：这两种基本险的保险范围是什么？

B："水渍险"或"平安险"都不述明包括哪些险别或不包括哪些险别。保险范围是写在基本保险单内和各种险别条款里。在保险凭证上，对偷窃险、淡水险、油渍险、油污险、钩损险、破碎险、渗漏险、沾污险等都特加述明，必须特别申保。

A：这我清楚。这些都是附加险。

## （四）

A：王先生，我们这批釉面瓷砖如果以 C．I．F．价格条件成交，你们负责投保哪些险别？

B：我们只负责投保水渍险，因为我们的价格没有把任何附加险计算在内。

A：你们可以为我们加保破碎险吗？

B：破碎险属于一般附加险，只要你们提出要求，我们可以为你们加保破碎险。

A：加保破碎险的费用由⑧谁负担？

B：增加的保险费由买方负担。

**A**：请为我们这批货加保破碎险。

**B**：好的。根据④中国人民保险公司海洋运输货物条款，由我们按发票总金额的百分之一百一十（110%）投保水渍险和破碎险。

## （五）

**A**：史密斯先生，你们这批货是以Ｆ.Ｏ.Ｂ.条件成交的，应该由你方自行投保。

**B**：好的。每批货物装船以后，请你们立即通知我们，以便及时⑤投保。

**A**：好。你们打算投保哪些险别？

**B**：你们的保险公司一般承保那些险别？

**A**：一般承保水渍险，如果需要加保其它险，也可以。

**B**：加保罢工、暴动、民变险可以吗？

**A**：可以。

**B**：好，谢谢。我们这次准备投保水渍险和罢工、暴动、民变险。

## 四、生词

| | | | | |
|---|---|---|---|---|
| 1. | 保险 | （名、动） | bǎoxiǎn | insurance, insure |
| 2. | 中国人民保险公司 | （专名） | Zhōngguó Rénmín Bǎoxiǎn Gōngsī | the People's Insurance Company of China |
| 3. | 海洋 | （名） | hǎiyáng | ocean |
| 4. | 条款 | （名） | tiáokuǎn | term, clause |
| 5. | 自然 | （形） | zìrán | natural |
| 6. | 灾害 | （名） | zāihài | calamity |
| 7. | 意外 | （形） | yìwài | unexpected |

| 8. 事故 | （名） | shìgù | accident |
|---|---|---|---|
| 9. 损失 | （动、名） | sǔnshī | lose, loss |
| 10. 保险人 | （名） | bǎoxiǎnrén | insurer |
| 11. 发货人 | （名） | fāhuòrén | shipper |
| 12. 履行 | （动） | lǚxíng | carry out |
| 13. 损耗 | （动） | sǔnhào | wear and tear |
| 14. 赔偿 | （动） | péicháng | compensate |
| 15. 险别 | （名） | xiǎnbié | coverage |
| 16. 综合险 | （名） | zōnghéxiǎn | All Risks |
| 17. 附加险 | （名） | fùjiāxiǎn | extraneous risk |
| 18. 起讫期限 | | qǐqì qīxiàn | the beginning and the termination of insurance period |
| 19. "仓至仓"责任条款 | | "Cāng zhì cāng" zérèn tiáokuǎn | warehouse to warehouse clause |
| 20. 卸载港 | （名） | xièzàigǎng | port of unloading |
| 21. 卸离 | （动） | xièlí | unload, discharge |
| 22. 海轮 | （名） | hǎilún | ocean steamer, ship |
| 23. 以…为限 | | yǐ......wéixiàn | be limited to, set...as the dead line |
| 24. 一切海洋运输货物险 | （名） | yíqiè hǎiyáng yùnshū huòwùxiǎn | All Marine Risks |
| 25. 一切险 | （名） | yíqièxiǎn | All Risks |
| 26. 意味 | （动） | yìwèi | mean |
| 27. 范围 | （名） | fànwéi | scope |

228

| | | | |
|---|---|---|---|
| 28. 窄 | （形） | zhǎi | narrow |
| 29. 风险 | （名） | fēngxiǎn | risk |
| 30. 投保 | （动） | tóubǎo | cover |
| 31. 限于 | （动） | xiànyú | be limited to |
| 32. 灾难 | （名） | zāinàn | calamity |
| 33. 引起 | （动） | yǐnqǐ | cause |
| 34. 承保期 | （名） | chéng-bǎoqī | insurance period |
| 35. 陆上 | （名） | lùshang | land |
| 36. 有限 | （形） | yǒuxiàn | limited |
| 37. 水渍险 | （名） | shuǐzìxiǎn | With Particular Average |
| 38. 平安险 | （名） | píng'ānxiǎn | Free from Particular Average |
| 39. 海损 | （名） | hǎisǔn | average |
| 40. 事先 | （副） | shìxiān | beforehand |
| 41. 商定 | （动） | shāngdìng | decide, fix |
| 42. 百分比 | （名） | bǎifēnbǐ | percentage |
| 43. 收费 | （动） | shōufèi | collect |
| 44. 述明 | （动） | shùmíng | state |
| 45. 保险单 | （名） | bǎoxiǎndān | policy form |
| 46. 保险凭证 | （名） | bǎoxiǎn píngzhèng | certificate of insurance |
| 47. 偷窃险 | （名） | tōuqièxiǎn | Risk of Theft, Pilferage and Non-delivery (TPND) |
| 48. 淡水险 | （名） | dànshuǐxiǎn | Risk of Fresh Water Damage |

| 49. 油渍险 | （名） | yóuzìxiǎn | Risk of Oil |
|---|---|---|---|
| 50. 油污险 | （名） | yóuwūxiǎn | Risk of Grease |
| 51. 钩损险 | （名） | gōusǔn-xiǎn | Risk of Hook Damage |
| 52. 破碎险 | （名） | pòsuìxiǎn | Risk of Breakage |
| 53. 渗漏险 | （名） | shènlòu-xiǎn | Risk of Leakage |
| 54. 沾污险 | （名） | zhānwū-xiǎn | Risk of Contamination |
| 55. 申保 | （动） | shēnbǎo | take out |
| 56. 特加 | | tè jiā | especially |
| 57. 釉面瓷砖 | （名） | yòumiàn cízhuān | glazed wall tiles |
| 58. 加保 | （动） | jiābǎo | cover additional risks |
| 59. 保险费 | （名） | bǎoxiǎnfèi | premium |
| 60. 发票 | （名） | fāpiào | invoice |
| 61. 自行 | （副） | zìxíng | (do it) yourself |
| 62. 承保 | （动） | chéngbǎo | cover, underwrite |
| 63. 罢工、暴动、民变险 | （名） | bàgōng、bàodòng、mínbiàn-xiǎn | Risk for Strike, Riot and Civil Commotion |
| 64. 战争险 | （名） | zhàn-zhēngxiǎn | War Risk |

# 五、注释

**1. 以及**

连接并列的名词、动词、介词结构以及小句时，常用"以及"来表示联合关系。多用于书面。如：

230

The conjunction "以及" is used mostly in written Chinese to join coordinative nouns, verbs, prepositional phrases and clauses, indicating a connection. For example:

（1）本公司经销玉石雕刻、象牙雕刻以及木刻、石刻等工艺品。

The company deals in jade carvings, ivory carvings, wood carvings and stone carvings.

（2）本店经销电视机、收音机、录音机以及各种零件。

The store sells televisions, radios, recorders and all kinds of spare parts.

## 2. 另外

表示在上文所说的范围之外的人或事，可以用连词"另外"，"此外"，"还有"等引出。如：

Conjunctions such as "另外"，"此外" or "还有" can be used to introduce what has yet to be mentioned. For example:

这是样本和样品，另外还有一本说明书。

This is the sample and sample-book. In addition, there is also a brochure.

## 3. 由

引进施动者，可用介词"由"。这时受事者可作主语也可作宾语。如：

The preposition "由" can be used to introduce the doer. The receiver can function either as a subject or as an object. For example:

（1）如以 C.I.F. 基础成交，由卖方投保。

If we conclude the business on CIF basis, the seller should effect insurance.

（2）运输问题由本公司设法解决。

The problem of transport will be settled by our company.

## 4. 根据

表示以某种事物或动作为前提或基础，常在名词或动词前用介词"根据"。一般用在主语前，并有停顿。如：

The preposition "根据" is very often placed before nouns or verbs to show the presupposition. This prepositional phrase is generally placed before the subject and set off with a comma. For example:

（1）根据市场需求情况，适当调整价格。

The price should be adjusted according to the demand in the market.

（2）根据我的看法，客户一般喜欢薄一点的织物。

As I see it, our clients prefer thin cloth.

## 5. 及时

表示行为发生或情况出现得正是时候，正适合当时的需要，常用副词"及时"。修饰单个动词，一般不带"地"，修饰复杂的动词成分，一般带"地"。如：

The adverb "及时" is often used to indicate that something happens at just the right time. When it modifies a bare verb, it generally doesn't take "地". It does take

"地" when it is used to modify a complicated verbal phrase. For example:

（1）如果发现问题，请及时和我方联系。

If there is any problem please get in touch with us in due time.

（2）在我们快要脱销断挡的时候，贵公司及时地给我们运来了一批新货。

Just when the goods were on the point of being sold out, your company sent us a fresh supply in time.

# 第 十 七 课

## 签 合 同

### Signing a Contract

## 一、句子

1. 我们什么时候能拿到合同?
   Wǒmen shénme shíhou néng nádào hétong?
   When can we have the contract?

2. 我们这几天就可以把合同准备好。
   Wǒmen zhè jǐtiān jiù kěyǐ bǎ hétong zhǔnbèihǎo.
   We'll have the contract ready in a couple of days.

3. 你们能不能今天就把合同给我们?
   Nimen néng-bunéng jīntiān jiù bǎ hétong gěi wǒmen?
   Can you speed it up and let us have it today?

4. 如果明天下午合同还做不好,我们就邮寄给你们签字。
   Rúguǒ míngtiān xiàwǔ hétong hái zuò-bùhǎo,
   wǒmen jiù yóujìgěi nǐmen qiānzì.
   In case we can't get the contract ready by tomor-
   row afternoon, we'll send it to you by mail for your
   signature.

5. 这是我们做的合同,请您再仔细看一下。
   Zhè shì wǒmen zuò de hétong, qǐng nín zài zǐxì
   kàn yíxià.
   Here is our contract. Would you please read it
   carefully again.

6. 我们应该对所有条款有一个统一的认识。

   Wǒmen yīnggāi duì suǒyǒu tiáokuǎn yǒu yí ge tǒngyī de rènshi.

   We think all the terms should meet with common agreement.

7. 您对这一条还有什么意见吗？

   Nín duì zhè yìtiáo hái yǒu shénme yìjiàn ma?

   Do you have any comment to make about this clause?

8. 我们对所有条款都没有什么意见了。

   Wǒmen duì suǒyǒu tiáokuǎn dōu méi yǒu shénme yìjiàn le.

   We have no questions about the terms.

9. 在这儿是不是应该加上这样一句？

   Zài zhèr shì-bushì yīnggāi jiāshang zhèyàng yíjù?

   Don't you think we should add this sentence here?

10. 如果一方未按本合同条款执行，另一方有权中止本合同。

    Rúguǒ yìfāng wèi àn běn hétong tiáokuǎn zhíxíng, lìngyìfāng yǒu quán zhōngzhǐ běn hétong.

    If one side fails to honour the contract, the other side is entitled to cancel it.

11. 您还有别的意见吗？

    Nín hái yǒu biéde yìjiàn ma?

    Have you any more questions?

12. 基本上把我们的谈判内容如实地写进去了。

    Jīběnshang bǎ wǒmen de tánpàn nèiróng rúshí de xiějìnqu le.

    It contains basically all we have agreed upon during our negotiation.

13. 请您逐项检查一下合同的所有条款，看看还有什么意见不一致的地方。

Qǐng nín zhúxiàng jiǎnchá yíxià hétong de suǒyǒu tiáokuǎn, kànkan hái yǒu shénme yìjiàn bù yízhì de dìfang.

Please check all the terms listed in the contract and see if there is anything not in conformity with the terms we agreed on.

14. 我同意关于包装和唛头的条款。

Wǒ tóngyì guānyú bāozhuāng hé màtóu de tiáokuǎn.

I agree to the terms concerning the packing and shipping marks.

15. 关于这一条你们还有什么意见？

Guānyú zhè yìtiáo nǐmen hái yǒu shénme yìjian?

Have you any questions about this stipulation?

16. 我们对各项条款的意见都一致了。

Wǒmen duì gè xiàng tiáokuǎn de yìjian dōu yízhì le.

We have reached an agreement on all the terms.

17. 让我再查对一下记录。

Ràng wǒ zài cháduì yíxià jìlù.

Let me check my notes.

18. 请问合同什么时候能签字？

Qǐng wèn hétong shénme shíhou néng qiānzì?

When can the contract be ready for signature?

19. 我们希望下星期一签字。

Wǒmen xīwàng xià xīngqīyī qiānzì.

We hope to be able to sign the contract by next Monday.

20. 请问合同有没有法文本?

Qǐngwèn hétong yǒu-méiyǒu Fǎwénběn?

Have you got a contract in French?

21. 有，这是法文本，请您看一下。

Yǒu, zhè shì Fǎwénběn, qǐng nín kàn yíxià.

Yes, we have. Here it is. Please have a look.

22. 那您就签字吧。

Nà nín jiù qiānzì ba.

Will you sign the contract now?

23. 请您在这儿签字。

Qǐng nín zài zhèr qiānzì.

Please sign your name here.

24. 这份合同由您保存。

Zhè fèn hétong yóu nín bǎocún.

This copy is for you.

25. 祝贺我们圆满达成交易。

Zhùhè wǒmen yuánmǎn dáchéng jiāoyì.

Let's congratulate ourselves that this transaction has been brought to a successful conclusion.


## 二、替换练习

1. 我们<u>这几天</u>就可以把合同准备好。

| 明天 |
|---|
| 下星期一 |
| 后天 |

2. 你们能不能今天就把合同给我们。

| |
|---|
| 下星期一 |
| 明天上午 |
| 今天下午 |

3. 您对这一条还有什么意见吗？

| |
|---|
| 包装 |
| 唛头 |
| 商品检验 |

4. 在这儿是不是应该加上这样一句？

| | |
|---|---|
| 这项条款里， | 一条 |
| 这条的最后一款， | 一段话 |
| 这句话后面， | 两句 |

5. 我同意关于包装的条款。

| |
|---|
| 保险 |
| 索赔 |
| 仲裁 |

6. 关于这一条你们还有什么意见？

| |
|---|
| 装船期限 |
| 付款条件 |
| 人力不可抗拒 |

7. 我们希望<u>下星期一签字</u>。

> 明天上午
> 下星期二
> 后天下午

8. 请问合同有没有<u>法文本</u>？

> 日文本
> 英文本
> 德文本

9. 这是<u>法文本</u>，请您看一下。

> 西班牙文本
> 俄文本
> 意大利文本

10. 请您在<u>这儿签字</u>。

> 这下面，签名
> 这栏里，签字
> 这儿，　签名

## 三、会话

### （一）

A：王先生，我们对所有条款都没有什么意见了。我们什么时候能拿到合同？

B：我们这几天就可以把合同准备好。

A：能不能快点儿，今天就把合同给我们。

B：今天不行，我们实在做不出来。

A：公司来电话催我回去，我已经买了明天晚上的飞机票了。

B：这样吧，如果明天下午合同还做不好，我们就邮寄给你们签字，怎么样？

A：那也行。

## （二）

A：史密斯先生，这是我们做的合同，请您再仔细看一下，看看还有什么不清楚的地方没有。

B：好，我们应该对所有条款有一个统一的认识。

A：对。您对这一条还有什么意见吗？

B：在这儿是不是应该加上①这样一句：'如果一方未②按本③合同条款执行，另一方有权中止本合同'？

A：可以。

B：另外，装船期限是不是应为一月下旬？

A：让我查一下记录。对，是一月下旬。还有别的④吗？

B：没有了。基本上把我们的谈判内容如实地写进去了。

A：那您就签字吧。

B：好。

## （三）

A：请您逐项检查一下合同的所有条款，看看⑤还有什么意见不一致⑥的地方。

B：好的。

A：您对包装和唛头的条款有没有意见？

240

B：我同意关于包装和唛头的条款。

A：关于装船期限你们还有什么意见？

B：你们写的是不迟于一九九八年九月。可以了。

A：我们在付款条件中加一条，'信用证须注明可在货物装船日期后十五（15）天内在装运口岸议付有效'。您觉得怎么样？

B：可以。

A：我们对各项条款的意见都一致了，那请您在这儿签字。

B：好。

A：祝贺我们圆满达成交易。

B：希望今后能更好地合作。

### （四）

A：伊藤先生，交货日期是不是应改为⑦五月十号以前？

B：让我再查对一下记录。

A：第二次谈判时，你们经理同意的，当时您也在场。

B：噢，对不起，这点又有了变化。经理让我转告你们交货日期不能提前了。请您谅解。

A：哦，是这样。

B：对于其它条款您还有什么问题吗？

A：我们对其它条款没有什么意见了。请问下星期一能签合同吗？我们准备星期二离开这里。

B：我看⑧问题不大。

### （五）

A：这是我们做的合同，请您再仔细看一下。

B：好。请问合同有没有法文本？

A：有。这是法文本，请您看一下。

B：好的。

A：您看还有什么意见不一致的地方？

B：在索赔条款里，我们希望加上这样一条：'如索赔成立，则因索赔所发生的一切费用和利息均由卖方负担'。

A：可以。这是合同附件，也请您看一下。

B：我看过了。没什么问题。

A：好，那您就签字吧。

B：好的。

A：这是中文本，这是法文本，请您收下。这份合同由您保存。

## 四、生词

| | | | | |
|---|---|---|---|---|
| 1. | 签 | （动） | qiān | sign |
| 2. | 合同 | （名） | hétong | contract |
| 3. | 催 | （动） | cuī | rush, urge |
| 4. | 邮寄 | （动） | yóujì | mail |
| 5. | 签名 | （动） | qiānmíng | sign (one's name) |
| 6. | 条款 | （名） | tiáokuǎn | terms, clause |
| 7. | 统一 | （动） | tǒngyī | unify |
| 8. | 执行 | （动） | zhíxíng | carry out, execute |
| 9. | 有权 | | yǒu quán | have the right |
| 10. | 中止 | （动） | zhōngzhǐ | suspend, discontinue |
| 11. | 查 | （动） | chá | check |
| 12. | 记录 | （动、名） | jìlù | take notes, notes |
| 13. | 谈判 | （动、名） | tánpàn | negotiate, negotiation |

242

| 14. 逐项 | （副） | zhúxiàng | item by item |
|---|---|---|---|
| 15. 检查 | （动、名） | jiǎnchá | examine, examination |
| 16. 一致 | （形） | yízhì | in conformity with |
| 17. 唛头 | （名） | màitóu | shipping marks |
| 18. 装船期限 | | zhuāng chuán qīxiàn | date of shipment |
| 19. 注明 | （动） | zhùmíng | state |
| 20. 议付 | （动） | yìfù | negotiate the payment |
| 21. 祝贺 | （动） | zhùhè | congratulate |
| 22. 圆满 | （形） | yuánmǎn | satisfactory |
| 23. 在场 | （动） | zàichǎng | present |
| 24. 谅解 | （动、名） | liàngjiě | understand, understanding |
| 25. 法文本 | （名） | Fǎwénběn | French copy |
| 26. 索赔 | （动） | suǒpéi | claim |
| 27. 成立 | （动） | chénglì | establish |
| 28. 利息 | （名） | lìxī | interest |
| 29. 附件 | （名） | fùjiàn | annex |
| 30. 中文本 | （名） | Zhōngwénběn | Chinese copy |
| 31. 检验 | （动、名） | jiǎnyàn | exam, test |
| 32. 仲裁 | （动） | zhòngcái | arbitrate |
| 33. 人力 | （名） | rénlì | human force |
| 34. 抗拒 | （动） | kàngjù | resist |
| 35. 日文本 | （名） | Rìwénběn | Japanese copy |
| 36. 英文本 | （名） | Yīngwénběn | English copy |
| 37. 德文本 | （名） | Déwénběn | German copy |
| 38. 西班牙文本 | （名） | Xībānyáwénběn | Spanish copy |

| 39. 俄文本 | （名） | Éwénběn | Russian copy |
|---|---|---|---|
| 40. 意大利文本 | （名） | Yìdàlì-<br>wénběn | Italian copy |
| 41. 栏 | （名） | lán | column |

## 五、注释

### 1. 加上

表示动作有结果，并有存在或添加等意思时，可在动词后用结果补语"上"。如：

The complement of result "上" can be placed after the verb to show the action's result, which indicates the existence and conveys the meaning of adding something. For example:

（1）请在这儿写上年月日。

Please write the date here.

（2）把昨天订的那几个品种也算上一共是十七个品种。

If we add in the products ordered yesterday, there are all together seventeen categories.

### 2. 未

表示否定，书面常用副词"未"。"未"是文言词即"没"、"不"的意思。如：

The adverb "未" is frequently used in written Chinese to show the negative. "未" is classical Chinese, meaning 'not' or 'not yet'. For example:

（1）未办手续的，请从速办理。

Those who have not gone through the formalities, please do it quickly.

（2）未领到广交会请柬的客商，请速到办事处联系。

Those who have not got the invitation card for the fair, please come to the office soon.

## 3. 本合同

以制作者或主管人身份措词时，常用指示代词"本"，意思相当于"这"。如：

The demonstrative pronoun "本" is likely to be chosen by the doer or the authorities to refer to himself or themselves. It may translated as 'this' or 'the'. For example:

（1）本公司经营各种罐头食品。

Our company deals in all kinds of tinned food.

（2）本品为棕黄色片剂，每片重一毫克。

The medicine is in the form of yellow tablets, each weighs 1 milligram.

（3）本办法自即日起施行。

This regulation comes into force from today.

（4）本合同一式两份，双方各保存一份。

The contract is in duplicate, one for each party.

（5）本届交易会将于明天正式开幕。

The Fair will open tomorow.

## 4. 别的

"别的"作代词，用来代替名词。如：

As a pronoun "别的" is used in place of nouns. For example:

不买别的，就买这些。（"别的"指其它的东西）

That's all I want to buy. I don't want anything else.

## 5. 看看

表示先观察观察再说，可以用"看"（可重叠）引出后面的名词或小句，但这时做宾语的名词多为抽象意义，小句多为问话形式。如：

To express the idea that further thought is needed before a decision is made, "看" (sometimes repeated) can be used to introduce a noun or a clause. As an object the noun is then almost always abstract and the clause appears mainly as a question. For example:

（1）现在不好说，还得再看看。

I can't say now, we'll have to wait and see.

（2）要看行情如何变化再做决定。

We have to study the changes in market conditions and then make a decision.

## 6. 一致

表示完全相同，毫无分歧，可用"一致"。"一致"常用于修饰抽象的概念。如：

246

"一致" expresses the idea of agreement or unanimity. It generally modifies abstract notions. For example:

（1）我们双方的利益是一致的。

The interests of both sides coincide.

（2）双方一致同意各让一半。

We both agree to meet each other half way.

## 7. 改为

在书面语中，"变成"、"成为"常写作"为"。用在兼语句中作第二动词或用在另一动词的后边。如：

In written Chinese, "为" generally takes the place of "变成" or "成为". It can be used in a pivotal sentence as a second verb or can be placed after a second verb. For example:

（1）改一次付款为分期付款，解决我方资金困难问题。

In order to solve the financial problem, we'll change single payment to payment by instalments.

（2）已将装船期改为一月中旬了。

We have changed the time of shipment to mid-January.

## 8. 我看问题不大

表示认为怎样，口语常用"看"。"看"后可有停顿，宾语常是动词或小句。这种用法，陈述句主语只限于第一人称，问句限于第二人称。如：

In spoken Chinese, "看" is frequently used to introduce a personal opinion. A short pause is needed after it, and its object is usually a verb or a clause. This usage is restricted to declarative sentences in the first person and to questions in the second person. For example:

我看价格还合理，你看呢？

I think the price is reasonable. What do you think?

# 第 十 八 课
## 索　赔
## Claims

## 一、句子

1. 这六十（60）箱杨梅损坏严重。

   Zhè liù shí (60) xiāng yángméi sǔnhuài yánzhòng.

   Sixty cases of red bayberries were seriously damaged.

2. 我们发现六十（60）箱中有百分之五十（50％）左右是漏的。

   Wǒmen fāxiàn liù shí (60) xiāng zhōng yǒu bǎi fēn zhī wǔ shí (50％) zuǒyòu shì lòude.

   Out of the sixty cases, about 50％ were found to be leaking.

3. 这批货的实际重量和发票相差三十五（35）吨。

   Zhè pī huò de shíjì zhòngliàng hé fāpiào xiāngchà sān shí wǔ (35) dūn.

   There is a difference of 35 tons between the actual landed weight and the invoiced weight of this consignment.

4. 这批货没有达到你们自己的标准。

   Zhè pī huò méiyǒu dádào nǐmen zìjǐ de biāozhǔn.

   This shipment was not up to your own standard.

5. 我这次来想谈谈关于三百（300）箱干蘑菇的质量问题。

Wǒ zhè cì lái xiǎng tántan guānyú sān bǎi (300) xiāng gānmógu de zhìliàng wèntí.

I'd like to talk with you about the quality of 300 cartons of dried mushrooms.

6. 医药卫生官员对这些货物发出了"停售通知"。

Yīyào wèishēng guānyuán duì zhèxiē huòwù fāchū le "Tíngshòu Tōngzhī".

The Medical Health Officer has issued a 'Stop Notice' on them.

7. 我们要对质量不合格进行索赔。

Wǒmen yào duì zhìliàng bùhégé jìnxíng suǒpéi.

We are lodging a claim for inferior quality.

8. 你们有什么证据吗？

Nǐmen yǒu shénme zhèngjù ma?

Have you any evidence?

9. 希望你方能提供卫生检疫所签发的证书。

Xīwàng nǐfāng néng tígōng wèishēng jiǎnyìsuǒ qiānfā de zhèngshū.

We hope you can show us the certificate issued by the Health Office.

10. 这是伦敦一家有名的公证行出的检验报告。

Zhè shì Lúndūn yì jiā yǒumíng de gōngzhènghǎng chū de jiǎnyàn bàogào.

Here's a survey report issued by a well-known public surveyor in London.

11. 这批货在装船前由中国商品检验局进行过检验。

Zhè pī huò zài zhuāng chuán qián yóu Zhōngguó Shāngpǐn Jiǎnyànjú jìnxíngguo jiǎnyàn.

The goods were inspected by the China Commodity Inspection Bureau before shipment.

12. 请问货物质量不合格的确切原因是什么?

Qǐngwèn huòwù zhìliàng bù hégé de quèqiè yuán-
yīn shì shénme?

Could you tell us the exact cause of the inferior
quality of the goods?

13. 损坏可能由各种因素造成。

Sǔnhuài kě'néng yóu gè zhǒng yīnsù zàochéng.

The damage may have been caused by many factors.

14. 这批货的损坏是不是在运输途中造成的?

Zhè pī huò de sǔnhuài shì-bushì zài yùnshū
túzhōng zàochéng de?

I wonder if the damage was caused during transit?

15. 损坏不是发生在运输途中。

Sǔnhuài bú shì fāshēngzài yùnshū tùzhōng.

The damage did not occur during transit.

16. 货物是在码头搬动装船时操作不慎造成损坏的。

Huòwù shì zài mǎtóu bāndōng zhuāng chuán shì
cāozuò búshèn zàochéng sǔnhuài de.

The damage was caused by rough handling when
the goods were being loaded on board ship at
the dock.

17. 我们有必要向你们提出索赔。

Wǒmen yǒu bìyào xiàng nǐmen tíchū suǒpéi.

We must lodge a claim with you.

18. 运输途中产生的任何损失,要求索赔,我们不予接
受。

Yùnshū túzhōng chǎnshēng de rènhé sǔnshī,
yāo qiú suǒpéi, wǒmen bùyǔ jiēshòu.

We are not responsible for any damage which hap-
pened during transit.

19. 你方应负责赔偿损失。

Nǐfāng yīng fùzé péicháng sǔnshī.

You should be responsible for the loss.

20. 我们不能受理你们的索赔。

Wǒmen bù néng shòulǐ nǐmen de suǒpéi.

We cannot entertain your claim.

21. 你们的索赔应提交保险公司。

Nǐmen de suǒpéi yīng tíjiāo bǎoxiǎn gōngsī.

Your claim should be referred to the insurance company.

22. 希望对我们提出的索赔全部给予解决。

Xīwàng duì wǒmen tíchū de suǒpéi quánbù jǐyǔ jiějué.

We hope you will effect a full settlement of our claim.

23. 你方短重索赔总共八十四点八二（84.82）吨。

Nǐfāng duǎnzhòng suǒpéi zǒnggòng bā shí sì diǎn bā èr (84.82) dūn.

Your claim for shortage of weight amounts to 84.82 tons in all.

24. 考虑到我们之间的业务关系，我们准备赔偿三十五（35）吨的短重。

Kǎolùdào wǒmen zhījiān de yèwù guānxi, wǒmen zhǔnbèi péicháng sān shí wǔ (35) dūn de duǎnzhòng.

In view of our friendly business relations, we are prepared to meet your claim for the 35 tons shortweight.

25. 您的建议是合理的，我们可以接受。
Nín de jiànyì shì hélǐ de, wǒmen kěyǐ jiēshòu.
Your proposal is reasonable.  We can accept it.

## 二、替换练习

1. 这六十（60）箱杨梅损坏严重。

> 一千（1000）听罐头
> 一百（100）箱苹果
> 五十（50）筐蜜桔

2. 我们发现六十（60）箱中有百分之五十（50%）左右是漏的。

> 一百（100）箱中，　百分之三十
> 五百（500）袋中，　百分之四十
> 其中，　　　　　　百分之八十

3. 这批货的实际重量和发票相差三十五（35）吨。

> 五十（50）吨
> 十（10）吨
> 二百（200）公斤

4. 我们这次来想谈谈关于三百（300）箱干蘑菇的质量问题。

> 六十箱杨梅
> 一百箱苹果
> 五十筐蜜桔

5. 我们要对质量不合格进行索赔。

> 短重
> 数量不足
> 低劣质量

6. 这是伦敦一家有名的公证行出的检验报告。

> 纽约
> 东京
> 马赛

7. 这批货在装船前由中国商品检验局进行过检验。

> 上海
> 广州
> 青岛

8. 请问货物质量不合格的确切原因是什么？

> 短重
> 损坏
> 发霉

9. 你方短重索赔总共八十四点八二（84.82）吨。

> 五（5）吨
> 三十（30）吨
> 五百（500）公斤

254

10. 考虑到我们之间的业务关系，我们准备赔偿三十五(35)
    吨的短重。

| |
|---|
| 四十（40）吨短重 |
| 五千（5,000）美元 |
| 一千万（10,000,000）日元 |

# 三、会话

## （一）

A：王先生，也许您早接到通知了，最后一批六十（60）
   箱杨梅损坏严重。

B：通知我们接到了。请您谈谈具体情况。

A：货物装"柯娜"轮到达伦敦后，我们发现其中①有百
   分之五十（50％）左右是漏的。经卫生检疫所官员仔
   细检查认为内装的食品已不能食用。

B：希望你方能提供卫生检疫所签发的证书。

A：好的。这是卫生检疫所签发的证书。

B：请问，你们发现漏的确切原因了吗？这批货的损坏是
   不是途中造成的？

A：损坏不是发生在运输途中。经仔细检查，我们发现
   是在上海码头搬动装船时操作不慎造成的。

B：我们已经出口了几千吨，但从②没有遇到过罐头在装
   船时发生破裂的事。

A：不过事实就是如此，所以我们有必要向你们提出索赔。
   我建议从这批货的总价中削减百分之五十（50％）。
   这笔款项就用于将来向你们订购水果罐头时冲销。

## （二）

A：王先生，我这次来是想谈谈关于三百（300）箱干蘑菇的质量问题。

B：这批货怎么啦?

A：这批货是两周前到的。我们当即进行了检查，发现大约百分之二十（20%）已发霉。在这种情况下，我们拒绝接受。

B：多少年来，我们的蘑菇质量好，享有盛名。还从来没有发生过这类事。

A：这批货已不能食用，医药卫生官员对这些货物发出了"停售通知"。

B：您有什么证据吗?

A：这是伦敦一家有名的公证行出的检验报告，它的证明绝对可靠。

## （三）

A：史密斯先生，你方检验人并没有提及造成损坏的任何原因。损坏可能由各种因素造成。

B：检验人的报告中说，检验时货物的包装都是完好无损的。很明显，造成损坏的原因是蘑菇在包装前没有干透。

A：这批货在装船前由中国商品检验局进行过检验。他们的结论是，这批货已很好地除去了水份，品质上等，达到了出口的标准。

B：你方商检局进行检验时只随意地选了几包，而没达到干燥程度的那部分可能没引起他们的注意，所以你方应负责赔偿损失。

A：我们事前有协议，任意抽取整批货的百分之二十（20%）进行检验，凭这检验出具检验证明，是对双方都有约束力的最后依据。

B：这我不否认。

A：运输途中造成的任何损失，要求赔偿，我们不予接受。因为你买这批货的价格是黄埔港船上交货价，是以⑨装船质量而不是以到岸质量为基础。你们的索赔应提交保险公司。

## （四）

A：伊藤先生，天津商品检验局报告指明，你们这批货的实际重量和发票相差三十五（35）吨。

B：这真奇怪，怎么会短重这么多啊？

A：经分析，发现湿度过高，折合份量又有四十九点八二（49.82）吨。所以，对这批货物我们很不满意。

B：这么算来，你方短重索赔总共八十四点八二（84.82）吨。

A：是的。希望对我们提出的索赔全部给予解决。

B：遗憾的是，我们不能受理你们的索赔。

A：为什么？

B：货物装船重量是经过实际衡量的。磅秤经过检查，并有船长在场监督。他可以证明发运的货物重量是十足的。

A：这是我们的商检局送来的两份报告，一份证明到岸重量短少三十五（35）吨，另一份说明货物湿度的分析，发现比规定的要高。

B：从你方的报告中，我看到你们的重量是用水尺测定的，而水尺测定的重量，会因检验人的不同而有差别。

A：但差别总不会这么大吧。

B：好吧，我们尊重你们商检局的检验结果，也考虑到我们之间④的业务关系，我们准备赔偿三十五（35）吨的短重。

# （五）

**A：** 伊藤先生，这批货经过分析，磷酸三钙成份仅有百分之七十点八九（70.89%），比规定的要低。所以我们要对低劣质量提出索赔。

**B：** 我必须说明一下，我们的产品进行过处理，具有大约百分之七十三（73%）的磷酸三钙成份。

**A：** 即使这样，这批货也没有达到你们自己的标准。

**B：** 取样方法也很关键。如果方法对头，就不会相差那么多。

**A：** 我们使用的方法就是你们推荐的。

**B：** 我得要些货样，以便送回去再验一下。

**A：** 可以。

**B：** 我们希望解决您的索赔问题。我们公司认为含量的差别可能是由于取样方法不同而造成的。如果我们原来对装船样品进行分析的结果和你们送回的样品再行分析的结果之间有差额的话，那么咱们各分担百分之五十（50%）进行理赔。

**A：** 您的建议是合理的，我们可以接受。


## 四、生词

1. 索赔　　（动）　suǒpéi　　claim
2. 通知　　（动、名）tōngzhī　　notify, notice
3. 杨梅　　（名）　yángméi　　red bayberry
4. 损坏　　（动）　sǔnhuài　　damage
5. "柯娜"轮（专名）"Kē'nà"lún　S.S. Corna
6. 漏　　　（动）　lòu　　　　leak
7. 卫生检疫所　　　Wèishēng　Health Office
　　　　（专名）　Jiǎnyìsuǒ

258

| | | | |
|---|---|---|---|
| 8. 官员 | （名） | guānyuán | officer |
| 9. 食品 | （名） | shípǐn | foodstuffs |
| 10. 食用 | （动） | shíyòng | eat, consume |
| 11. 提供 | （动） | tígōng | provide |
| 12. 证书 | （名） | zhèngshū | certificate |
| 13. 途中 | （名） | túzhōng | en route, on the way |
| 14. 搬动 | （动） | bāndòng | move, handle |
| 15. 操作 | （动） | cāozuò | operate |
| 16. 不慎 | （副） | búshèn | oversight |
| 17. 破裂 | （动） | pòliè | break |
| 18. 总价 | （名） | zǒngjià | total amount |
| 19. 削减 | （动） | xuējiǎn | cut |
| 20. 款项 | （名） | kuǎnxiàng | a sum of money |
| 21. 水果 | （名） | shuǐguǒ | fruit |
| 22. 冲销 | （动） | chōngxiāo | write off |
| 23. 干蘑菇 | （名） | gānmógu | dried mushroom |
| 24. 发霉 | （动） | fāméi | mouldy |
| 25. 享有盛名 | | xiǎngyǒu shèngmíng | enjoy a good reputation |
| 26. 发生 | （动） | fāshēng | happen |
| 28. 发出 | | fā chū | send ont |
| 27. 医药 | （名） | yīyào | medicine |
| 29. 停售 | （动） | tíngshòu | stop selling sth. |
| 30. 证据 | （名） | zhèngjù | evidence |
| 31. 公证行 | （名） | gōngzhèngháng | laboratory, public surveyor |
| 32. 检验 | （动、名） | jiǎnyàn | inspect, test, exam |
| 33. 证明 | （动、名） | zhèngmíng | prove, testimony |

259

| 34. | 可靠 | （形） | kěkào | reliable |
| 35. | 检验人 | （名） | jiǎnyànrén | examiner, surveyor |
| 36. | 提及 | （动） | tíjí | mention |
| 37. | 完好无损 | | wánhǎo wú sǔn | sound and intact |
| 38. | 干透 | （形） | gāntòu | well dehydrated |
| 39. | 中国商品检验局 | （专名） | Zhōngguó Shāngpǐn Jiǎnyànjú | China Commodity Inspection Bureau |
| 40. | 除去 | （动） | chúqù | rid of |
| 41. | 水分 | （名） | shuǐfèn | moisture |
| 42. | 品质 | （名） | pǐnzhì | quality |
| 43. | 上等 | （形） | shàngděng | superior |
| 44. | 标准 | （名） | biāozhǔn | standard |
| 45. | 商检局 | （名） | Shāngjiǎnjú | Commodity Inspection Bureau |
| 46. | 干燥 | （形） | gānzào | dry |
| 47. | 损失 | （动） | sǔnshī | lose |
| 48. | 事前 | （名） | shìqián | in advance |
| 49. | 协议 | （名） | xiéyì | agreement |
| 50. | 任意 | （副） | rènyì | at random |
| 51. | 抽取 | （动） | chōuqǔ | select |
| 52. | 出具 | （动） | chūjù | issue |
| 53. | 约束力 | （名） | yuēshùlì | binding |
| 54. | 依据 | （动、名） | yījù | base, basis |
| 55. | 不予 | | bù yǔ | refuse |
| 56. | 提交 | （动） | tíjiāo | refer to |
| 57. | 指明 | （动） | zhǐmíng | state clearly |
| 58. | 实际 | （形） | shíjì | real, actual |

| 59. | 发票 | （名） | fāpiào | invoice |
|------|------|--------|---------|---------|
| 60. | 短重 | （名） | duǎnzhòng | shortweight |
| 61. | 湿度 | （名） | shīdù | humidity, moisture |
| 62. | 折合 | （动） | zhéhé | amount to |
| 63. | 份量 | （名） | fènliàng | weight |
| 64. | 衡量 | （动） | héngliáng | measure |
| 65. | 磅秤 | （名） | bàngchèng | scale |
| 66. | 船长 | （名） | chuánzhǎng | captain |
| 67. | 监督 | （动） | jiāndū | supervise |
| 68. | 十足 | （形） | shízú | full (weight) |
| 69. | 短少 | （动） | duǎnshǎo | shortage |
| 70. | 水尺 | （名） | shuǐchǐ | draft |
| 71. | 测定 | （动） | cèdìng | calculate |
| 72. | 尊重 | （动、名） | zūnzhòng | respect |
| 73. | 磷酸三钙 | （名） | línsuān sān'gài | Bone Phosphate of Lime |
| 74. | 成分 | （名） | chéngfen | component, content |
| 75. | 低劣 | （形） | dīliè | bad, inferior |
| 76. | 关键 | （名、形） | guānjiàn | key, crucial |
| 77. | 推荐 | （动） | tuījiàn | recommend |
| 78. | 货样 | （名） | huòyàng | sample |
| 79. | 验 | （动） | yàn | examine |
| 80. | 含量 | （名） | hánliàng | content |
| 81. | 差额 | （名） | chā'é | difference, balance |
| 82. | 分担 | （动） | fēndān | share |
| 83. | 理赔 | （动） | lǐpéi | allow the claim |
| 84. | 蜜桔 | （名） | mìjú | tangerine |

## 五、注释

### 1. 其中

指已经提到过的人或事物、常用方位词"其中"。"其中"就是"那里面"的意思。可以指处所，也可以指范围。这是个特殊的方位词，只能单用，不能加在名词的后头。如：

The place word "其中" conveys the meaning of "among" or "out of" those people or things mentioned. It is used to refer either to place or to scope. As a special place word, "其中" cannot be placed after a noun. It may only come at the beginning of the phrase. For example:

这次我们来洽谈的一共五个人，其中有三个人以前来过中国。

Five people have come to take part in the negotiation and three of us have been to China before.

### 2. 从没有

表示从过去到现在都是如此，常用副词"从"，"从来"，"历来"，"向来"等。"从"只用在"不"、"未"前，有文言色彩，后面必须用双音节动词或动词短语。如：

The adverb "从"，"从来"，"历来" and "向来" are often used to express the idea that something has always been the case. "从" is only placed before "不" or "未", and it must be followed by a disyllabic verb or a verbal phrase. It is somewhat literary in style. For example:

（1）你们从不考虑折扣的问题吗？

Haven't you ever considered the matter of dis count?

"历来"多用于书面，不用于否定句，否定句用"从来"。如：

"历来" is very often used in written Chinese while "从来" is used in negative sentence. For example:

（2）我们历来主张平等贸易。

We always maintain the principle of equality in our foreign trade.

"从"、"从来"用否定词"没"、"没有"时，单音节动词、形容词后通常要带"过"。如：

When "从" or "从来" is used with the negative "没" or "没有", monosyllabic verbs or adjectives should generally take "过" after them. For example:

（3）他从来没谈过这件事。

He has never talked about this.

（4）我公司从没做过丝绸生意，这回是第一次。

We have never handled silk business. This is the first time.

**3. 以…为**

在书面语中，"把…作为"或"认为…是…"常写作"以…为…"。如：

In written Chinese, "以…为…" generally takes the place of "把…作为…" or "认为…是…". For example:

（1）以我方确认为准

subject to our final comfirmation

（2）以签字那天为起始日

the date of signing to be taken as the date of commencement

## 4. 之间

表示在两端的距离之内，可用方位词"之间"。常用来指处所、时间、范围或数量。不能单用。如：

The place word "之间" is used to refer to the distance between two extremities of place, time, scope or quantity. It can not stand by itself. For example:

（1）苏州在上海和南京之间。（处所）

Suzhou is located between Shanghai and Nanjing.

（2）约好在两点到两点半之间碰头（时间）。

The appointment is made for between 2 and 2:30.

（3）朋友之间不必客气。（范围）

Between friends, there is no need to stand on ceremony.

（4）价格大约在一块到一块五之间。（数量）

The price is somewhere between 1 yuan and 1.5 yuan.

# 第 十 九 课

## 代 理
### Agency

## 一、句子

1. 我想同您商谈一下你方拖鞋的代理问题。
   Wǒ xiǎng tóng nín shāngtán yíxià nǐfāng tuōxié de dàilǐ wèntí.
   I would like to discuss with you the problem of agency for your slippers.

2. 我们想和你方签订一项专销拖鞋的为期三年的独家代理协议。
   Wǒmen xiǎng hé nǐfāng qiāndìng yí xiàng zhuān-xiāo tuōxié de wéiqī sān nián de dújiā dàilǐ xiéyì.
   We'd like to sign a sole agency agreement with you on your slippers for a period of 3 years.

3. 我们十分赞赏你方在推销我方拖鞋时所作的努力。
   Wǒmen shífēn zànshǎng nǐfāng zài tuīxiāo wǒfāng tuōxié shí、suǒ zuò de nǔlì.
   We appreciate your effort in pushing the sale of our slippers.

4. 我们建议，各种尺寸的塑料拖鞋每年销售五万（50,000）双。
   Wǒmen jiànyì, gè zhǒng chǐcùn de sùliào tuōxié měi nián xiāoshòu wǔ wàn (50,000) shuāng.

My proposal is: Plastic slippers of all sizes, 50,000 pairs annually in your market.

5. 对独家代理来讲，这样一个销售量您不觉得太保守了吗？

Duì dújiā dàilǐ láijiǎng, zhèyàng yí gè xiāoshòu-liàng nín bù juéde tài bǎoshǒu le ma?

Don't you think this annual turnover for a sole agent is rather conservative?

6. 您取得了独家代理权后，可以轻易地控制市场。

Nín qǔdé le dújiā dàilǐquán hòu, kěyǐ qīngyì de kòngzhì shìchǎng.

With the sole agency in your hand, you could easily control the market.

7. 你方去年的订货总量不大，这无法证明你方可以胜任我们的代理。

Nǐfāng qùnián de dìnghuò zǒngliàng bú dà, zhè wúfǎ zhèngmíng nǐfāng kěyǐ shèngrèn wǒmen de dàilǐ.

Your total order last year was small, and in no way demonstrates your ability to act as our agent.

8. 只要指定我们为你方的独家代理，我们可以增加营业额。

Zhǐyào zhǐdìng wǒmen wéi nǐfāng de dújiā dàilǐ, wǒmen kěyǐ zēngjiā yíngyè'é.

We will increase our turnover if you appoint us as your sole agent.

9. 您能完成的年销售总量是多少？

Nín néng wánchéng de nián xiāoshòu zǒngliàng shì duōshao?

What is the total annual turnover you could fulfil?

10. 我建议你们先在市场上进行一些调查研究工作。

Wǒ jiànyì nǐmen xiān zài shìchǎngshang jìnxíng
yì xiē diàochá yánjiū gōngzuò.

Our suggestion to you, as a preliminary step, is
to do a little research in the market.

11. 您的意思是不是不同意我们作代理?

Nín de yìsi shì-bushì bù tóngyì wǒmen zuò dàilǐ?

Do you mean to say you refuse us the agency?

12. 因为你方所答应的年销售量太低，我们不能同意你
方作我们的代理。

Yīnwèi nǐfāng suǒ dāyìng de niánxiāoshòuliàng
tài dī, wǒmen bùnéng tóngyì nǐfāng zuò wǒmen
de dàilǐ.

I'm afraid we can't agree to appoint you as our
sole agent because the annual turnover you pro-
mised is too low.

13. 作为你们的代理，我们将会更加努力地推销你方产
品。

Zuòwéi nǐmen de dàilǐ, wǒmen jiāng huì gèngjiā
nǔlì de tuīxiāo nǐfāng chǎnpǐn.

As your agent, we'll make greater efforts to push
the sales of your products.

14. 我们经销商品，兼作代理。

Wǒmen jīngxiāo shāngpǐn, zuò dàilǐ.

We'll buy and sell merchandise and, at the same
time, act as agents.

15. 我们即使没有代理协议，也不妨碍继续发展我们之间
的业务关系。

Wǒmen jíshǐ méiyǒu dàilǐ xiéyì, yě bù fáng'ài
jìxù fāzhǎng wǒmen zhījiān de yèwù guānxi.

We can still carry on our business relationship even
without a sole agency agreement.

16. 我们想把我们之间的独家代理协议延长两年。

Wǒmen xiǎng bǎ wǒmen zhījiān de dújiā dàilǐ xiéyì yáncháng liǎng nián.

We'd like to renew our sole agency agreement for another two years.

17. 你方在完成协议方面干得很好。

Nǐfāng zài wánchéng xiéyì fāngmiàn gàn de hěn hǎo.

You've done very well in fulfilling the agreement.

18. 我们在推销你们产品时，作了很多努力，动用了大量资金。

Wǒmen zài tuīxiāo nǐmen chǎnpǐn shí, zuò le hěn duō nǔlì, dòngyòngle dàliàng zījīn.

We've spared no effort and spent quite a sum of money in pushing the sales of your products.

19. 我认为对加拿大整个地区的独家经销来说，年销售量三百（300）架钢琴未免太保守了。

Wǒ rènwéi duì Jiānádà zhěnggè dìqū de dújiā jīngxiāo láishuō, niánxiāoshòuliàng sān bǎi (300) jià gāngqín wèimiǎn tài bǎoshǒu le.

I think the annual sale of 300 pianos for a sole distributorship in Canada is rather conservative.

20. 根据你们地区的市场情况，我们确信今年可以销得更多。

Gēnjù nǐmen dìqū de shìchǎng qíngkuàng, wǒmen quèxìn jīnnián kěyǐ xiāo de gèng duō.

I'm sure that you can sell more this year in light of the market conditions at your end.

21. 你认为在新的协议中年销售量应是多少呢?

Ní rènwéi zài xīn de xiéyìzhong niánxiāoshòuliàng yīng shì duōshao ne?

What annual turnover would you suggest for the new agreement then?

22. 您看是不是定为四百五十（450）架?

Nín kàn shì-bushì dìngwéi sì bǎi wǔ shí (450) jià?

Shall we put it at 450 pieces?

23. 超过定额后，每多销五十（50）架，我们就增加佣金百分之一（1％）。

Chāoguò dìng'é hòu, měi duō xiāo wǔ shí (50) jià, wǒmen jiù zēngjiā yòngjīn bǎi fēn zhī yī (1％).

For every 50 pieces sold in excess of the quota, we'll give you 1％ additional commission.

24. 作为我方的独家经销商，你方不能经营其它国家同类和类似的产品。

Zuòwéi wǒfāng de dújiā jīngxiāoshāng, nǐfāng bù néng jīngyíng qítā guójiā tónglèi hé lèisì de chǎnpǐn.

As our sole distributor, you are not expected to handle the same or similar products of other origins.

25. 我们希望每隔六个月收到你方关于当前市场情况的报告和用户对我们产品的反应。

Wǒmen xīwàng měi gé liù ge yuè shōudào nǐfāng guānyú dāngqián shìchǎng qíngkuàng de bàogào hé yònghù duì wǒmen chǎnpǐn de fǎnyìng.

We would like to receive a detailed report from you every six months on current market conditions and the users' comment on our products.

269

## 二、替换练习

1. 我想同您商谈一下你方<u>拖鞋</u>的代理问题。

> 钢琴
> 钟表
> 工艺品

2. 我们想和你方签订一项专销<u>拖鞋</u>的为期<u>三年</u>的独家代理协议。

> 闹钟，两年
> 钢琴，五年
> 布鞋，四年

3. 我们十分赞赏你方在推销我方<u>拖鞋</u>时所作的努力。

> 纺织品
> 抽纱
> 布鞋

4. 我们建议，各种<u>尺寸</u>的<u>塑料拖鞋</u>，每年销售<u>五万</u>（<u>50,000</u>）双。

> 型号，钢琴，一千（1,000）架
> 规格，机床，两万（20,000）台

5. 我们想把我们之间的独家代理协议延长<u>两年</u>。

> 三年
> 五年
> 一年

6. 我认为对<u>加拿大</u>整个地区的独家经销来说，年销售量
<u>三百（300）架钢琴</u>未免太保守了。

> 法国，　　　一万（10,000）双布鞋
> 日本，　　　五千（5,000）箱红茶
> 阿尔及利亚，两万（20,000）听罐头

7. 根据<u>你们地区</u>的市场情况，我们确信今年可以销得更
多。

> 你们国家
> 美洲
> 日本

8. 您看是不是定为<u>四百五十（450）架</u>?

> 四万五千（45,000）吨
> 三十万（300,000）箱
> 一千五百（1,500）台

9. 超过定额后，每多销<u>五十（50）</u>架，我们就增加佣金<u>百分之一（1%）</u>。

> 一百（100）台， 百分之二（2%）
>
> 五百（500）双， 百分之一（1%）
>
> 一千（1,000）件，百分之三（3%）

10. 我们希望每隔<u>六个月</u>收到你方关于当前市场情况的报告和用户对我们产品的反应。

> 半年
>
> 一年
>
> 三个月

## 三、会话

### （一）

A：王先生，我来访的原因之一是想和你方签订一项为期三年的独家代理协议。我相信这是符合双方利益的。

B：我们十分赞赏你方在推销我方拖鞋时所作的努力。

A：谢谢。

B：您知道，你方市场对这一商品的需求很大。可是你们去年的订货总量却不大，这无法证明你们可以胜任我们的代理。

A：只要指定我们为你方的独家代理，我们可以增加营业额。

### （二）

A：你们想作我们的代理，我已听说了。你们对销售中国拖鞋有什么具体建议？

B：我们建议，各种尺寸的塑料拖鞋每年销售五万（50,000）双，地区是整个澳大利亚市场。当然，我们希望有百分之五（5％）的佣金。

A：我们去年就向你方出售了大约四万（40,000）双拖鞋，今年看来①会销得更多。所以对独家代理来讲，这样一个年销售量您不觉得太保守了吗？

B：那么②我听听你们的建议，好吗？

A：我建议订一个专销男、女塑料拖鞋(不包括童鞋)为期三年的独家代理协议，第一年销六万（60,000）双，第二年销七万（70,000）双，第三年销八万（80,000）双，地区是整个澳大利亚大陆（不包括任何邻近岛屿），佣金百分之五（5％）。怎么样？

B：怎么说呢③，王先生，这些条件对我们来讲似乎④高了些吧？

A：我认为条件并不算高，您知道中国拖鞋物美价廉。一旦⑤您取得了独家代理权之后，可以轻易地控制市场，没有竞争。我相信您是能毫无困难地完成这一协议的。

B：好吧，我同意您的建议，我明天来签协议。

A：好的。

## （三）

A：王先生，我想同您商谈一下你方闹钟的代理问题。

B：你们公司是专门经营这项业务的吗？

A：是的。我们公司有六（6）个推销员，常年在外，跑遍整个欧洲市场。

B：您是否直接卖给商店？

A：是的。我们专营各种类型的钟表，不通过中间商，直接向零售商推销。

B：你们有库存吗？

**A：** 有的商品市场稳定，比如说手表吧，我们在伦敦就有库存。我们经销商品，兼作代理。

## （四）

**A：** 您估计，您能完成的年销售总量是多少？讲个大致的数字也可以。

**B：** 怎么说呢，我不想提出一个具体数字的保证，至少在开始阶段不能保证。

**A：** 我们赞赏你方推销我们产品的意愿。但是作为第一步，我们建议你们先在市场上进行一些调查研究工作。

**B：** 您的意思是不是不同意我们作代理？

**A：** 您要求当我方在整个欧洲市场的独家代理，却一点都不知道你方每年可能销售多少，而且你方要求的佣金也太高，所以我们暂时不能同意。

**B：** 作为你们的代理，我们将会更加努力地推销你方产品。

**A：** 我们即使没有代理协议，也不妨碍继续发展我们之间的业务关系。我们愿意给你方提供价目单、目录本和一些样品。等你们全面了解我们产品的销售可能性时，我们才能作进一步的考虑。

## （五）

**A：** 王先生，我这次来，是想把我们之间的独家代理协议延长两年。

**B：** 很好。你方在完成协议方面干得很好。

**A：** 我们在推销你们产品时，作了很多努力，动用了大量资金。

**B：** 看得出你们经营这项业务是富有经验的。不过我们认为对加拿大整个地区的独家经销来说，年销售量三百（300）架钢琴未免太保守了。去年你们实际上卖了四百（400）架左右。根据你们地区的市场情况，我们确信今年可以销得更多。

A：您认为在新的协议中年销售量应是多少呢？

B：五百（500）架。

A：这太多了。是不是定为四百五十（450）架？

B：那好，我们就定为四百五十（450）架。超过定额后，每多销五十（50）架，我们就增加佣金百分之一（1%）。

A：好的。我想其它条款都不变吧？

B：作为我方的独家经销商，你方就不能经营其他国家同类和类似的产品，不能把我们的产品再出口到加拿大以外的地区去。

A：这是合理的限制，我们同意。

B：我们希望每隔六（6）个月收到你方关于当前市场情况的报告和用户对我们产品的反应。

## 四、生词

| | | | | |
|---|---|---|---|---|
| 1. | 代理 | （名） | dàilǐ | agency |
| 2. | 来访 | （动） | láifǎng | visit |
| 3. | 为期 | | wéi qī | for a period of time |
| 4. | 独家 | （形） | dújiā | sole |
| 5. | 赞赏 | （动） | zànshǎng | appreciate |
| 6. | 拖鞋 | （名） | tuōxié | slippers |
| 7. | 需求 | （动、名） | xūqiú | need |
| 8. | 总量 | （名） | zǒngliàng | total amount |
| 9. | 胜任 | （动） | shèngrèn | be qualified |
| 10. | 营业额 | （名） | yíngyè'é | turnover |
| 11. | 尺寸 | （名） | chǐcùn | size |
| 12. | 塑料 | （名） | sùliào | plastic |
| 13. | 出售 | （动） | chūshòu | sell |

| 14. | 年销售量 | （名） | niánxiāo shòuliàng | annual turnover |
|---|---|---|---|---|
| 15. | 保守 | （形、动） | bǎoshǒu | conservative |
| 16. | 专（销） | （形） | zhuān (xiāo) | to specialize in (selling) |
| 17. | 销 | （动） | xiāo | sell |
| 18. | 大陆 | （名） | dàlù | continent |
| 19. | 邻近 | （动） | línjìn | near |
| 20. | 岛屿 | （名） | dǎoyǔ | island |
| 21. | 似乎 | （副） | sìhū | seemingly, as if |
| 22. | 物美价廉 | | wù měi jià lián | goods of high quality and moderate price |
| 23. | 权 | （名） | quán | right |
| 24. | 轻易 | （形） | qīngyì | easy |
| 25. | 控制 | （动） | kòngzhì | control |
| 26. | 闹钟 | （名） | nàozhōng | alarm clock |
| 27. | 专门 | （形） | zhuānmén | specialized |
| 28. | 推销员 | （名） | tuīxiāo-yuán | salesman |
| 29. | 常年 | （名） | chángnián | all the year round |
| 30. | 跑遍 | （动） | pǎobiàn | walk all over, cover |
| 31. | 类型 | （名） | lèixíng | type |
| 32. | 钟表 | （名） | zhōngbiǎo | clock and watch |
| 33. | 中间商 | （名） | zhōngjiān-shāng | middleman |
| 34. | 零售商 | （名） | língshòu shāng | retailer |
| 35. | 库存 | （名、动） | kùcún | stock |
| 36. | 稳定 | （形） | wěndìng | stable |
| 37. | 手表 | （名） | shǒubiǎo | wrist watch |

| 38. 经销 | （动） | jīngxiāo | buy and sell |
| 39. 兼作 | （动） | jiānzuò | do something else at the same time |
| 40. 大致 | （副） | dàzhì | generally |
| 41. 保证 | （动、名） | bǎozhèng | guarantee |
| 42. 意愿 | （名） | yìyuàn | wish |
| 43. 调查 | （动、名） | diàochá | investigate, investigation |
| 44. 研究 | （动、名） | yánjiū | study |
| 45. 价目单 | （名） | jiàmùdān | price list |
| 46. 延长 | （动） | yáncháng | extend |
| 47. 富有 | （动） | fùyǒu | full of |
| 48. 定额 | （名） | dìng'é | quota |
| 49. 经销商 | （名） | jīngxiāoshāng | distributor |
| 50. 类似 | （形） | lèisì | similar |
| 51. 限制 | （动、名） | xiànzhì | limit |
| 52. 隔 | （动） | gé | separate |
| 53. 反应 | （动、名） | fǎnyìng | response, comment |
| 54. 钢琴 | （名） | gāngqín | piano |

## 五、注释

### 1. 看来

在依据客观情况作出某种揣摩或估计的时候，口语常用"看来"、"看起来"作插入语。如：

"看来" or "看起来" is normally used parenthetically to indicate a guess or an estimate based on objective conditions. For example:

（1）看起来我们这次成交问题不大了。

It seems quite likely that we can conclude the business this time.

（2）看来，今年参加广交会的人会多一些。

It seems quite likely that more people will come to the Guangzhou Fair this year.

在对这种揣摩或估计把握不大或有意使语气稍缓时，可在句末加"喽"、"啰"等语气词。

If the guess or the estimate is uncertain or a more gentle tone is required, then an auxiliary word such as 喽 (lou) or 啰 (lou) can be placed at the end of the sentence.

## 2. 那么

承接上文，引进表示结果或判断的小句时，可用连词"那么"。如：

The conjunction "那么" can be used to connect the foregoing statement with the clause which expresses the result or judgement of the previous action. For example:

（1）如果双方各作一点让步，那么就容易成交了。

If both sides make some concession, it would be easier to conclude the business.

（2）既然现在决定不了，那么你们就回去和公司商量商量。

Since you can't make up your mind now, it would be better for you to go back and consult with your head office.

### 3. 怎么说呢

别人的请求或建议难于同意或有所保留，或者自己有难言之苦，不知从何说起，口语中常用"怎么说呢"，"这怎么说呢"，"怎么说好呢"或"让我怎么说呢"，"叫我怎么说呢"等，作为语气上的停顿。

If a request or a suggestion calls for a decision, or, if reaching a decision is particularly difficult, phrases such as "怎么说呢"，"这怎么说呢"，"怎么说好呢"，"让我怎么说呢"，"叫我怎么说呢" are frequently used in spoken Chinese to give the speaker time to reorganize his thoughts.

### 4. 似乎

表示对某种推测或判断不十分肯定，可以用副词"似乎"，"好像"，"仿佛"等。"仿佛"多用于书面。如：

A sentence which contains the adverb "似乎"，"好像"，"仿佛" will show a non-assertive supposition or a non-assertive judgement. "仿佛" is mostly used in written Chinese. For example:

（1）这个品号的价格似乎贵了一些。

This article seems a bit too expensive.

（2）0731品号好像比0451质量好。

Art. No. 0731 seems better than Art. No. 0451.

### 5. 一旦

表示不确定的时间,可用"一旦",意思是"如果有那一天…"。常用在假设句中表示条件，后面用"就"、"将"等呼应。如：

"一旦" can be used to express an indefinite time, meaning 'once...'. If it is used in a suppositional clause to indicate condition, the following clause normally contains "就", "将". For example:

（1）一旦发现产品质量有问题，可及时退换。

If you find there is something wrong with the quality of the products, you can have it replaced in due time.

用在叙述句中，也可表示"忽然有一天…"。如：

"一旦" can also be used in a declarative sentence to express "once something has happened...". For example:

（2）他俩分别了二十年，一旦见面，可能谁也认不出谁来了。

They haven't seen each other for twenty years. When they meet, they probably will not recognize each other.

# 第 二 十 课

## 合 资 经 营
### Joint Venture

## 一、句子

1. 据说你们现在可以和外商开展合资经营业务了，是吗？

Jùshuō nǐmen xiànzài kěyǐ hé wàishāng kāizhǎn hézī jīngyíng yèwù le, shì ma?

It is said that you can participate in joint enter-prises with foreign businessmen. Is this the case?

2. 我们刚刚开始，还没什么经验。

Wǒmen gānggāng kāishǐ, hái méi shénme jīngyàn.

We have just started and have no experience as yet.

3. 我们公司对合资经营很感兴趣。

Wǒmen gōngsī duì hézī jīngyíng hěn gǎn xìngqù.

We are thinking of participating with you in a joint venture.

4. 我们这次来想和你们谈谈合资经营问题。

Wǒmen zhè cì lái xiǎng hé nǐmen tántan hézī jīngyíng wèntí.

This time, we've come here to discuss with you the question of a joint venture.

**5.** 我们想了解一下你方合资经营的方式。

Wǒmen xiǎng liǎojiě yíxià nǐfāng hézī jīngyíng de fāngshì.

We'd like to know what steps should be taken to engage in a joint venture with you.

**6.** 如果合资经营，我方人员是否有权监督产品的包装和质量？

Rúguǒ hézī jīngyíng, wǒfāng rényuán shìfǒu yǒuquán jiāndū chǎnpǐn de bāozhuāng hé zhìliàng?

If we participate in the joint enterprise, do we have the right to supervise the quality and the packing of the products?

**7.** 你们当然有这个权力。

Nǐmen dāngrán yǒu zhè ge quánlì.

Certainly you have this right.

**8.** 产品价格是一方定还是双方协商？

Chǎnpǐn jiàgé shì yìfāng dìng háishì shuāngfāng xiéshāng?

Will the price be fixed by one side or through negotiation by both parties?

**9.** 产品价格应该根据国际市场的价格，由双方共同商定，要照顾双方的利益。

Chǎnpǐn jiàgé yīnggāi gēnjù guójì shìchǎng de jiàgé, yóu shuāngfāng gòngtóng shāngdìng, yào zhàogù shuāngfāng de lìyì.

The price of the products should be set according to the price in the international market. It should be fixed by the two parties at a level that will bring profit to both.

10. 既然在我国市场经营，价格应该由我方来定。
    Jìrán zài wǒguó shìchǎng jīngyíng, jiàgé yīnggāi
    yóu wǒfāng láidìng.
    Since the products will be sold in our country,
    the price should be set by us.

11. 出资的各方是否有权自行招聘或解雇人员？
    Chūzī de gèfāng shìfǒu yǒu quán zìxíng zhāo-
    pìn huò jiěgù rényuán?
    Do the two parties who have invested in en-
    terprise have the right to hire or fire their staff at
    their own discretion?

12. 你们准备和我们合资经营哪方面的业务？
    Nimen zhǔnbèi hé wǒmen hézī jīngyíng nǎ fāngmiàn
    de yèwù?
    I'd like to know in what lines of business you would
    like to participate with us?

13. 在我国市场合资经营中国工艺品。
    Zài wǒguó shìchǎng hézī jīngyíng Zhōngguó gōng-
    yìpǐn.
    I am thinking of a joint venture with you in sel-
    ling Chinese arts and crafts in our market.

14. 你们合资经营的条件是什么？
    Nimen hézī jīngyíng de tiáojiàn shì shénme?
    What are your terms and conditions on joint
    participation?

15. 请您看一下有关合资经营的具体条款。
    Qǐng nín kàn yíxià yǒuguān hézī jīngyíng de
    jùtǐ tiáokuǎn.
    Please, have a look at the detailed terms on joint
    participation.

16. 我们双方各出资百分之五十（50%），盈利按百分之
五十（50%）分。

Wǒmen shuāngfāng gè chūzī bǎi fēn zhī wǔ shí
(50%), yínglì àn bǎi fēn zhī wǔ shí (50%) fēn.

Shall we each invest 50% capital and share the
profit equally?

17. 因为是经营我方的工艺品，我们应占百分之五十
（50%）以上。

Yīnwèi shì jīngyíng wǒfāng de gōngyìpǐn, wǒmen
yīng zhàn bǎi fēn zhī wǔ shí (50%) yǐshàng

Our investment should exceed 50% because the
arts and crafts we handle are made in our country.

18. 您觉得双方合资经营的前景怎么样？

Nín juéde shuāngfāng hézī jīngyíng de qiánjǐng zěn-
meyàng?

What do you think of the future of the joint venture?

19. 我们相信前景是乐观的。

Wǒmen xiāngxìn qiánjǐng shì lèguān de.

We are optimistic about its future.

20. 您估计用合资经营方式，我们可以达到多大的贸易
额？

Nín gūjì yòng hézī jīngyíng fāngshì, wǒmen kěyǐ
dádào duódà de màoyì'é?

What is your estimation of the volume of trade
we can achieve in a joint venture?

21. 我估计可以达到四千万（40,000,000）法郎以上的贸
易额。

Wǒ gūjì kěyǐ dádào sì qiān wàn (40,000,000) fǎláng
yǐshàng de màoyì'é.

I reckon that business of over forty million
Francs can be done.

22. 我们同意和你们合资经营中国工艺品。

Wǒmen tóngyì hé nǐmen hézī jīngyíng Zhōngguó gōngyìpǐn.

We agree to joint participation with you in Chinese arts and crafts.

23. 我们出技术员。

Wǒmen chū jìshùyuán.

Technicians are to be provided by us.

24. 商标问题，你们怎么考虑？

Shāngbiāo wèntí, nǐmen zěnme kǎolǜ?

What's your opinion on the trade mark?

25. 我们可以采用你们公司的商标。

Wǒmen kěyǐ cǎiyòng nǐmen gōngsī de shāngbiāo.

We can use your trade mark.

## 二、替换练习

1. 我们想了解一下你方合资经营的<u>方式</u>。

> 具体规定
> 有关条款
> 法律

2. 如果合资经营，我方人员是否有权<u>监督产品的包装</u>。

> 监督产品的质量
> 招聘技术人员
> 解雇工人

**3.** 出资的各方是否有权自行招聘人员？

> 解雇工人
> 监督产品的包装
> 监督产品的质量

**4.** 在<u>我国市场</u>合资经营<u>中国工艺品</u>。

> 欧洲市场，中国抽纱
> 法国，　　景德镇瓷器
> 美国，　　中国纺织品

**5.** <u>我们</u>双方(各)出资<u>百分之五十（50%）</u>，盈利按<u>百分之五十（50%）</u>分。

> 你方，百分之三十（30%），百分之三十（30%）
> 你方，百分之七十（70%），百分之五十（50%）
> 我方，百分之八十（80%），百分之八十（80%）

**6.** 因为是经营我方的<u>工艺品</u>，我们应占<u>百分之五十（50%）</u>以上。

> 瓷器，　　百分之六十（60%）
> 茶叶，　　百分之七十（70%）
> 纺织品，百分之五十（50%）

7. 我估计可以达到四千万（40,000,000）法郎以上的贸易额。

> 一亿（100,000,000）美元
> 五千万（50,000,000）英镑
> 五百万（5,000,000）马克

8. 我们同意和你们合资经营中国工艺品。

> 日本的电视机
> 美国的精密机床
> 中国的瓷器

9. 我们出技术员。

> 我方，成套设备
> 我们，原材料
> 你方，工人

10. 我们可以采用你们公司的商标。

> 你们的包装
> 你们的技术
> 你方的设计

## 三、会话

### （一）

A：王先生，据说你们现在可以和外商开展合资经营业务了，是吗？

B：是啊，刚刚开始，还没什么经验。

A：我们公司对合资经营的问题很感兴趣，想了解一下你方合资经营的方式。

B：我们和外商合作，主要是想使我们的产品更快地进入国际市场。合资经营可以扩大我们之间的贸易额。

A：如果合资经营，我方人员是否有权监督产品的包装和质量？

B：当然有这个权力。

A：产品价格是一方定还是双方协商？

B：产品价格应该根据国际市场的价格，由双方共同商定，要照顾双方的利益。

A：这很好。那出资的各方是否有权自行招聘或解雇人员？这点我们非常关心。

B：这样吧，请您看一下有关合资经营的具体条款。有关事宜我可以帮您联系。

A：谢谢，这太麻烦您了①。

### （二）

A：王先生，我这次来想和你们谈谈合资经营问题。

B：你们准备和我们合资经营哪方面的业务？

A：在我国市场合资经营中国工艺品。

B：你们合资经营的条件是什么？

A：我们双方各出资百分之五十（50％），盈利也按百分之五十（50％）分，您看怎么样？

B：这不太合适吧，因为是经营我方的工艺品，我们应占百分之五十（50％）以上。

A：这好商量，具体条款咱们明天再谈。

## （三）

A：皮埃尔先生，你们打算和我们合资经营哪方面的业务？

B：中国瓷器。

A：您觉得双方合资经营的前景怎么样？

B：中国瓷器在法国很有销路，我们相信前景是乐观的。

A：您估计用合资经营方式，我们可以达到多大的贸易额？

B：估计可以达到四千万（40,000,000）法郎以上的贸易额。

A：这很好，我们同意和你们合资经营中国瓷器。

## （四）

A：王先生，我们想和你们合作，在中国市场合资生产电视机，您看怎么样？

B：可以考虑，你们有什么条件哪？

A：我们出技术人员、成套设备和原材料，用你们的工厂和工人。

B：产品价格怎么定？

A：由双方协商，不低于国际市场价格。

B：这恐怕不行。既然在我国市场经营，价格应该由我方来定。

A：这个可以再商量。王先生，商标的问题，你们怎么考虑？

B：可以采用你们公司的商标。

## （五）

A：皮埃尔先生，中国纺织品在欧洲市场的销路怎么样？

B：还②不错，一年比一年好。

A：我们希望进一步扩大我们之间的贸易额。

B：我们也有这个愿望，不知您有什么具体建议？

A：我们想和你方合作，在法国市场合资经营中国纺织品，您看怎么样？

B：这我还不能决定，需要回去和公司商量一下。

A：希望能早一点儿听到你方的意见，其它公司曾向我们表示过这方面的愿望。

B：好，一定一定③。

## 四、生词

| | | | | |
|---|---|---|---|---|
| 1. | 外商 | （名） | wàishāng | foreign businessman |
| 2. | 贸易额 | （名） | màoyì'é | volume of trade, turnover |
| 3. | 监督 | （动） | jiāndū | supervise |
| 4. | 协商 | （动、名） | xiéshāng | negotiate, negotiation consult, consultation |
| 5. | 商定 | （动） | shāngdìng | decide |
| 6. | 出资 | （动） | chūzī | invest the capital |
| 7. | 招聘 | （动） | zhāopìn | advertise for, hire |
| 8. | 解雇 | （动） | jiěgù | fire, dismiss |
| 9. | 人员 | （名） | rényuán | employee |
| 10. | 盈利 | （动、名） | yínglì | get profit |
| 11. | 分 | （动） | fēn | share |
| 12. | 前景 | （名） | qiánjǐng | future |
| 13. | 乐观 | （形） | lèguān | optimistic |
| 14. | 估计 | （动） | gūjì | estimate |
| 15. | 原材料 | （名） | yuáncáiliào | raw material |
| 16. | 商标 | （名） | shāngbiāo | trade mark |

290

| 17. 愿望 | （名） | yuànwàng | wish |
| 18. 法律 | （名） | fǎlù | law |
| 19. 景德镇 | （专名） | Jǐngdézhèn | Jingdezhen |
| 20. 精密 | （形） | jīngmì | precision |
| 21. 机床 | （名） | jīchuáng | machine tools |
| 22. 设计 | （动、名） | shèjì | design |

## 五、注释

### 1. 太麻烦您了

有劳别人或接受了人家的帮助、好处而过意不去，口语中常说："麻烦您了"、"打扰您了"、"给您添麻烦了"等等。

对方常回答："哪里哪里"、"这没什么"、"这是应该的"、"不必客气"等。

In spoken Chinese, to express the emotion of both regret for having caused an inconvenience, and gratitude for having received assistance, the following expressions are frequently used: "麻烦您了"，"打扰您了"，"给您添麻烦了"，etc.

The answers are frequently: "哪里哪里"，"这没什么"，"这是应该的"，"不必客气"，etc.

### 2. 还

有意把事情往小里、低里说，口语常用副词"还"。如：

The adverb "还" is very often used in spoken Chinese to express restraint or to intentionally make a problem smaller or less important. For example:

（1）——最近生意好吗？

How is your business?

——还凑合。

Not too bad.

（2）——身体怎么样？

How are you?

——还好。

All right.

表示勉强过得去的意思时，"还"多修饰含褒义的形容词。

When expressing the meaning of ' all right ', it is used mostly to modify a commendatory adjective.

## 3. 一定一定

答应对方的请求或嘱托时，口语可以说："一定一定"、"没问题"、"放心好了"、"这没说的"等。

"一定一定"，"没问题"，"放心好了"，"这没说的"， are frequently heard in spoken Chinese as replies to requests or to assignments.

## 4. 商业广告（一）

汉语商业广告用语，受汉语四字格影响，常采用四字一句，八字一联的格式，形式上工整，读起来朗朗上口。这种结构，常是使用时根据宣传内容和需要临时组合的，也有的使用久了，逐渐固定了下来。如：

The Advertisement (I)

Advertising language is affected by a type of Chinese classical poem which uses four characters. Its language adopts a sentence structure whereby four characters form a sentence, and eight make a couplet, which pleases the readers' eye and reads easily. New sentences can be constructed as the need dictates, but some of them have become set phrases afeter many years of usage.

| | |
|---|---|
| 选料考究 | 质地优良 |
| 设计新颖 | 式样美观 |
| 款式多样 | 做工精细 |
| 手感舒适 | 穿着大方 |
| 瑰丽多彩 | 华丽臻美 |
| 行销环球 | 誉满中外 |

| | |
|---|---|
| Choice material | Superior quality |
| Modern design | Attractive fashion |
| Great variety | Fine workmanship |
| Comfortable feel | Elegant and graceful |
| Pretty and colourful | Beautiful and charming |
| Selling well all over the world | A high reputation at home and abroad |

## 5. 商业广告（二）

商品广告要求形式活泼，鲜明生动，具有吸引力，文字言简意赅，使人一目了然。一份中文广告，通常有：品名、厂家、牌号、功用、选料、质地、特色、招徕及联系地址、电话或电报挂号等几个部分。如：

The Advertisement (II)

The advertisement requires terse and lively language, and pithy and attractive style, which make everything clear at a glance. An advertisement generally contains the names of the commodity, the manufacturer, the trade mark etc.; the description of usage or function, the material, quality, characteristic, etc.; the relevant address, telephone number, cable address, etc. For example:

冬 令 佳 品

双 马 牌

丝棉衣　　丝棉被

采用著名的广东丝绸及广东丝棉做料子，轻柔松软，保暖性强，做工精细，花色美观。丝棉衣式样大方新颖，有男、女式及童装外衣、背心等各种式样规格。备有现货，欢迎选购。

中国纺织品进出口公司广东省分公司
地址：广州延安二路255号
电挂：CANTEX GUANGZHOU
电传：44071 KTTEX CN
香港代理处：华润纺织品有限公司

Speciality for Winter
"Double Horse"
Silkfloss Clothes
and Quilts

Only popular Guangdong silk and silk floss are used. Soft and light, attractive in design, fine in workmanship and warm. Modern and elegant in fashion, suitable for men, women and children. Our clothes are available in various designs and specifications.  Orders Welcome.

China National Textiles Import &
Export Corporation, Guangdong Branch
Add : 255 2nd Yanan Road, Guangzhou
Cable : CANTEX GUANGZHOU
Telex : 44071 KTTEX CN
Hongkong Agent: Huarun Textiles Co. Ltd.

## 中国对外贸易机构
# CHINA'S FOREIGN TRADE
# CORPORATIONS AND ORGANIZATIONS

1. 中华人民共和国进出口管理委员会*
   Zhōnghuá Rénmín Gònghéguó Jìnchūkǒu Guǎnlǐ
   Wěiyuánhuì
   STATE IMPORT AND EXPORT COMMISSION
   OF THE PEOPLE'S REPUBLIC OF CHINA

2. 中华人民共和国外国投资管理委员会*
   Zhōnghuá Rénmín Gònghéguó Wàiguó Tóuzī Guǎnlǐ
   Wěiyuánhuì
   STATE FOREIGN INVESTMENT COMMISSION
   OF THE PEOPLE'S REPUBLIC OF CHINA

3. 中华人民共和国对外贸易部*
   Zhōnghuá Rénmín Gònghéguó Duìwài Màoyìbù
   THE MINISTRY OF FOREIGN TRADE OF THE
   PEOPLE'S REPUBLIC OF CHINA

4. 中华人民共和国对外经济联络部*
   Zhōnghuá Rénmín Gònghéguó Duìwài Jīngjì Lián-
   luòbu THE MINISTRY FOR ECONOMIC RELA-
   TIONS WITH FOREIGN COUNTRIES OF THE
   PEOPLE'S REPUBLIC OF CHINA

---

* On March 8, 1982 these four ministries were merg-
ed into a new MINISTRY OF FOREIGN TRADE
AND ECONOMIC RELATIONS OF THE PEO-
PLE'S REPUBLIC OF CHINA（中华人民共和国对
外经济贸易部 Zhōnghuá Rénmín Gònghéguó Duìwài
Jīngjì Màoyìbù).

5. 中国银行
Zhōngguó Yínháng
BANK OF CHINA

6. 中华人民共和国外汇管理总局
Zhōnghuá Rénmín Gònghéguó Wàihuì Guǎnlǐ Zǒngjú
STATE GENERAL ADMINISTRATION OF
FOREIGN EXCHANGE CONTROL OF THE
PEOPLE'S REPUBLIC OF CHINA

7. 中华人民共和国海关总署
Zhōnghuá Rénmín Gònghéguó Hǎiguān Zǒngshǔ
THE GENERAL CUSTOMS ADMINISTRATION
OF THE PEOPLE'S REPUBLIC OF CHINA

8. 中国商品检验局
Zhōngguó Shāngpǐn Jiǎnyànjú
COMMODITY INSPECTION BUREAU OF THE
PEOPLE'S REPUBLIC OF CHINA

9. 中国国际贸易促进委员会
Zhōngguó Guójì Màoyì Cùjìn Wěiyuánhuì
CHINA COUNCIL FOR THE PROMOTION OF
INTERNATIONAL TRADE

10. 中国国际贸易促进委员会国外新产品样本、样品介绍中心
Zhōngguó Guójì Màoyì Cùjìn Wěiyuánhuì Guówài
Xīn chǎnpǐn Yàngběn、Yàngpǐn Jièshào Zhōngxīn
CENTRE FOR THE INTRODUCTION OF
LITERATURE AND SAMPLES OF NEW
FOREIGN PRODUCTS, C.C.P.I.T.

11. 中国国际贸易促进委员会对外贸易仲裁委员会
Zhōngguó Guójì Màoyì Cùjìn Wěiyuánhuì Duìwài
Màoyì Zhòngcái Wěiyuánhuì

THE FOREIGN TRADE ARBITRATION COMMISSION OF THE CHINA COUNCIL FOR THE PROMOTION OF INTERNATIONAL TRADE

12. 中国国际贸易促进委员会海事仲裁委员会
Zhōngguó Guójì Màoyì Cùjìn Wěiyuánhuì Hǎishì Zhòngcái Wěiyuánhuì
THE MARITIME ARBITRATION COMMISSION OF THE CHINA COUNCIL FOR THE PROMOTION OF INTERNATIONAL TRADE

13. 中国粮油食品进出口总公司
Zhōngguó Liángyóu Shípǐn Jìnchūkǒu Zǒnggōngsī
CHINA NATIONAL CEREALS, OILS AND FOODSTUFFS IMPORT AND EXPORT CORPORATION

14. 中国土产畜产进出口总公司
Zhōngguó Tǔchǎn Xùchǎn Jìnchūkǒu Zǒnggōngsī
CHINA NATIONAL PRODUCE AND ANIMAL BYPRODUCTS IMPORT AND EXPORT CORPORATION

15. 中国纺织品进出口总公司
Zhōngguó Fǎngzhīpǐn Jìnchūkǒu Zǒnggōngsī
CHINA NATIONAL TEXTILES IMPORT & EXPORT CORPORATION

16. 中国工艺品进出口总公司
Zhōngguó Gōngyìpǐn Jìnchūkǒu Zǒnggōngsī
CHINA NATIONAL ARTS & CRAFTS IMPORT & EXPORT CORPORATION

17. 中国轻工业品进出口总公司
Zhōngguó Qīnggōngyèpǐn Jìnchūkǒu Zǒnggōngsī
CHINA NATIONAL LIGHT INDUSTRIAL PRODUCTS IMPORT & EXPORT CORPORATION

18. 中国化工进出口总公司
    Zhōngguó Huàgōng Jìnchūkǒu Zǒnggōngsī
    CHINA NATIONAL CHEMICALS IMPORT &
    EXPORT CORPORATION

19. 中国机械进出口总公司
    Zhōngguó Jīxiè Jìnchūkǒu Zǒnggōngsī
    CHINA NATIONAL MACHINERY IMPORT &
    EXPORT CORPORATION

20. 中国五金矿产进出口总公司
    Zhōngguó Wǔjīn Kuàngchǎn Jìnchūkǒu Zǒnggōngsī
    CHINA NATIONAL METALS & MINERALS IM-
    PORT & EXPORT CORPORATION

21. 中国机械设备进出口总公司
    Zhōngguó Jīxiè Shèbèi Jìnchūkǒu Zǒnggōngsī
    CHINA NATIONAL MACHINERY & EQUIP-
    MENT IMPORT & EXPORT CORPORATION

22. 中国技术进口公司
    Zhōngguó Jìshù Jìnkǒu Gōngsī
    CHINA NATIONAL TECHNICAL IMPORT COR-
    PORATION

23. 中国仪器进出口总公司
    Zhōngguó Yíqì Jìnchūkǒu Zǒnggōngsī
    CHINA NATIONAL INSTRUMENTS IMPORT &
    EXPORT CORPORATION

24. 中国原子能工业公司
    Zhōngguó Yuánzǐnéng Gōngyè Gōngsī
    CHINA ATOMIC ENERGY INDUSTRIAL COR-
    PORATION

25. 中国航空技术进出口公司
Zhōngguó Hángkōng Jìshù Jìnchūkǒu Gōngsī
CHINA NATIONAL AERO-TECHNOLOGY IMPORT & EXPORT CORPORATION

26. 中国电子技术进出口公司
Zhōngguó Diànzǐ Jìshù Jìnchūkǒu Gōngsī
CHINA NATIONAL ELECTRONICS TECHNOLOGY IMPORT & EXPORT CORPORATION

27. 中国船舶工业公司
Zhōngguó Chuánbó Gōngyè Gōngsī
CHINA SHIPBUILDING INDUSTRY CORPORATION

28. 中国北方工业公司
Zhōngguó Běifāng Gōngyè Gōngsī
CHINA NORTH INDUSTRIES CORPORATION

29. 中国长城工业公司
Zhōngguó Chángchéng Gōngyè Gōngsī
CHINA GREAT WALL INDUSTRY CORPORATION

30. 中国晓峰公司
Zhōngguó Xiǎofēng Gōngsī
CHINA XIAO FENG CORPORATION

31. 中国新时代公司
Zhōngguó Xīnshídài Gōngsī
CHINA NEW TIMES CORPORATION

32. 中国东方进出口公司
Zhōngguó Dōngfāng Jìnchūkǒu Gōngsī
THE EAST IMPORT & EXPORT COMPANY OF CHINA

33. 中国种子进出口公司
Zhōngguó Zǒngzi Jìnchūkǒu Gōngsī
CHINA NATIONAL SEED CORPORATION

34. 中国冶金进出口公司
Zhōngguó Yějīn Jìnchūkǒu Gōngsī
CHINA NATIONAL METALLURGICAL PRODUCTS IMPORT & EXPORT CORPORATION

35. 中国人文科学发展公司
Zhōngguó Rénwén Kēxué Fāzhǎn Gōngsī
CHINA NATIONAL HUMANE STUDIES DEVELOPMENT CORPORATION

36. 中国种畜进出口公司
Zhōngguó Zhǒngchù Jìnchūkǒu Gōngsī
CHINA NATIONAL BREEDING STOCK IMPORT & EXPORT CORPORATION

37. 中国科学器材公司（新型器材出口部）
Zhōngguó Kēxué Qìcái Gōngsī (Xīnxíng Qìcái Chūkǒubù)
CHINA SCIENTIFIC INSTRUMENTS CORPORATION (NEW INSTRUMENTS EXPORT DIVISION )

38. 中国新型建筑材料公司
Zhōngguó Xīnxíng Jiànzhù Cáiliào Gōngsī
CHINA NATIONAL NEW BUILDING MATERIALS CORPORATION

39. 中国船舶电站设备公司
Zhōngguó Chuánbó Diànzhàn Shèbèi Gōngsī
CHINA NATIONAL SHIP & POWER STATION EQUIPMENT CORPORATION

40. 中国航空器材公司
Zhōngguó Hángkōng Qìcái Gōngsī
CHINA NATIONAL AIR MATERIAL COR-
PORATION

41. 中国医药保健品进出口总公司
Zhōngguó Yīyào Bǎojiànpǐn Jìnchūkǒu Zǒnggōngsī
CHINA MEDICINE & HEALTH PROTECTION
ARTICLES IMPORT & EXPORT CORPORATION
(HEAD OFFICE)

42. 中国林木进出口公司
Zhōngguó Línmù Jìnchūkǒu Gōngsī
CHINA NATIONAL TIMBER IMPORT & EXPORT
CORPORATION

43. 中国煤炭进出口总公司
Zhōngguó Méitàn Jìnchūkǒu Zǒnggōngsī
CHINA NATIONAL COAL IMPORT & EXPORT
CORPORATION (HEAD OFFICE)

44. 中国农机进出口联合公司
Zhōngguó Nóngjī Jìnchūkǒu Liánhé Gōngsī
CHINA AGRICULTURAL MACHINERY IMPORT
& EXPORT JOINT COMPANY

45. 中国丝绸公司
Zhōngguó Sīchóu Gōngsī
CHINA NATIONAL SILK CORPORATION

46. 中国国际图书贸易总公司
Zhōngguó Guójì Túshū Màoyì Zǒnggōngsī
CHINA INTERNATIONAL BOOK TRADING
CORPORATION

47. 中国邮票出口公司
Zhōngguó Yóupiào Chūkǒu Gōngsī
CHINA STAMP EXPORT COMPANY

48. 中国电影发行放映公司
Zhōngguó Diànyǐng Fāxíng Fàngyìng Gōngsī
CHINA FILM DISTRIBUTION AND EXHIBITION CORPORATION

49. 中国图书进口公司
Zhōngguó Túshū Jìnkǒu Gōngsī
CHINA NATIONAL PUBLICATIONS IMPORT CORPORATION

50. 中国对外文物展览公司
Zhōngguó Duìwài Wénwù Zhǎnlǎn Gōngsī
CHINA CULTURAL RELICS EXHIBITION CORPORATION

51. 中国市场出版公司
Zhōngguó Shìchǎng Chūbǎn Gōngsī
CHINA MARKET PUBLICATION COMPANY

52. 中国电影输出输入公司
Zhōngguó Diànyǐng Shūchū Shūrù Gōngsī
CHINA NATIONAL FILMS IMPORT & EXPORT CORPORATION

53. 中国电影合作制片公司
Zhōngguó Diànyǐng Hézuò Zhìpiān Gōngsī
CHINA FILM PRODUCING COOPERATION CORPORATION

54. 中国对外翻译出版公司
Zhōngguó Duìwài Fānyì Chūbǎn Gōngsī
CHINA TRANSLATION & PUBLICATION CORPORATION

55. 中国出版对外贸易公司
Zhōngguó Chūbǎn Duìwài Màoyì Gōngsī
CHINA PUBLICATION TRADING CORPORATION

56. 中国图书进出口总公司
Zhōngguó Túshū Jìnchūkǒu Zǒnggōngsī
CHINA NATIONAL BOOKS IMPORT & EXPORT
CORPORATION

57. 中国唱片社
Zhōngguó Chàngpiānshè
CHINA GRAMOPHONE RECORDS ASSOCIA-
TION

58. 中国建筑工程公司
Zhōngguó Jiànzhù Gōngchéng Gōngsī
CHINA CONSTRUCTION ENGINEERING COR-
PORATION

59. 中国土木工程公司
Zhōngguó Tǔmù Gōngchéng Gōngsī
CHINA CIVIL ENGINEERING CORPORATION

60. 中国公路桥梁工程公司
Zhōngguó Gōnglù Qiáoliáng Gōngchéng Gōngsī
CHINA ROAD & BRIDGE OF ENGINEERING
COMPANY

61. 中国港湾工程公司
Zhōngguó Gǎngwān Gōngchéng Gōngsī
CHINA HARBOUR CONSTRUCTION ENGI-
NEERING CORPORATION

62. 中国石油工程建设公司
Zhōngguó Shíyóu Gōngchéng Jiànshè Gōngsī
CHINA PETROLEUM INDUSTRY CONSTRUC-
TION ENGINEERING CORPORATION

63. 中国机械对外经济技术合作公司

Zhōngguó Jīxiè Duìwài Jīngjì Jìshù Hézuò Gōngsī

CHINA MACHINERY ECONOMIC & TECHNICAL COOPERATION CORPORATION

64. 中国水利工程公司

Zhōngguó Shuǐlì Gōngchéng Gōngsī

CHINA WATER CONSERVANCY ENGINEERING CORPORATION

65. 中国轻工业对外工程公司

Zhōngguó Qīnggōngyè Duìwài Gōngchéng Gōngsī

CHINA LIGHT INDUSTRY ENGINEERING CORPORATION

66. 中国成套设备出口总公司

Zhōngguó Chéngtào Shèbèi Chūkǒu Zǒnggōngsī

CHINA COMPLETE PLANT EXPORT CORPORATION

67. 中国建筑工业公司

Zhōngguó Jiànzhù Gōngyè Gōngsī

CHINA BUILDING INDUSTRIAL CORPORATION

68. 中国建筑设备配件出口总公司

Zhōngguó Jiànzhù Shèbèi Pèijiàn Chūkǒu Zǒnggōngsī

CHINA BUILDING EQUIPMENT & PARTS EXPORT CORPORATION

69. 中国人民保险公司

Zhōngguó Rénmín Bǎoxiǎn Gōngsī

THE PEOPLE'S INSURANCE COMPANY OF CHINA

70. 中国国际信托投资公司
Zhōngguó Guójì Xìntuō Tóuzi Gōngsī
THE CHINA INTERNATIONAL TRUST & IN-
VESTMENT CORPORATION

71. 中国对外贸易仓储公司
Zhōngguó Duìwài Màoyì Cāngchǔ Gōngsī
CHINA NATIONAL FOREIGN TRADE STO-
RAGE CORPORATION

72. 中国出口商品包装公司
Zhōngguó Chūkǒu Shāngpǐn Bāozhuāng Gōngsī
CHINA NATIONAL EXPORT COMMODITIES
PACKAGING CORPORATION

73. 中国对外贸易运输公司
Zhōngguó Duìwài Màoyì Yùnshū Gōngsī
CHINA NATIONAL FOREIGN TRADE TRAN-
SPORTATION CORPORATION

74. 中国租船公司
Zhōngguó Zūchuán Gōngsī
CHINA NATIONAL CHARTERING CORPORA-
TION

75. 中国外轮代理公司
Zhōngguó Wàilún Dàilǐ Gōngsī
CHINA OCEAN SHIPPING AGENCY

76. 中国远洋运输公司
Zhōngguó Yuǎnyáng Yùnshū Gōngsī
CHINA OCEAN SHIPPING COMPANY

77. 中国船舶燃料供应公司
Zhōngguó Chuánbó Ránliào Gōngyìng Gōngsī
CHINA MARINE BUNKER SUPPLY COMPANY

78. 中国外轮理货公司
Zhōngguó Wàilún Lǐhuò Gōngsī
CHINA OCEAN SHIPPING TALLY COMPANY

79. 中国海难救助打捞公司
Zhōngguó Hǎinàn Jiùzhù Dǎlāo Gōngsī
CHINA SALVAGE COMPANY

80. 中国船舶检验局
Zhōngguó Chuánbó Jiǎnyànjú
THE REGISTER OF SHIPPING OF CHINA

81. 中国出口商品交易会
Zhōngguó Chūkǒu Shāngpǐn Jiāoyìhuì
CHINESE EXPORT COMMODITIES FAIR

82. 中国国际旅行社
Zhōngguó Guójì Lǚxíngshè
CHINA INTERNATIONAL TRAVEL SERVICE

83. 中国体育服务公司
Zhōngguó Tǐyù Fúwù Gōngsī
CHINA ATHLETICS SERVICE CORPORATION

84. 中国华建企业公司
Zhōngguó Huájiàn Qǐyè Gōngsī
CHINA HUA JIAN ENTERPRISE

85. 中国轻工业进出口服务公司
Zhōngguó Qīnggōngyè Jìnchūkǒu Fúwù Gōngsī
CHINA LIGHT INDUSTRY IMPORT-EXPORT &
SERVICE CORPORATION

86. 中国对外测绘技术合作公司
Zhōngguó Duìwài Cèhuì Jìshù Hézuò Gōngsī
CHINA SURVEY & DRAWING TECHNICAL
COOPERATION CORPORATION

87. 中国石油公司
Zhōngguó Shíyóu Gōngsī
CHINA NATIONAL PETROLEUM CORPORA-
TION

88. 中国煤炭开发公司
Zhōngguó Méitàn Kāifā Gōngsī
CHINA COAL DEVELOPMENT CORPORATION

89. 中国铁路对外服务公司
Zhōngguó Tiělù Duìwài Fúwù Gōngsī
CHINA RAILWAY FOREIGN SERVICE COR-
PORATION

90. 中国农垦进出口服务公司
Zhōngguó Nóngkěn Jìnchūkǒu Fúwù Gōngsī
CHINA FARM RECLAMATION IMPORT-EX-
PORT & SERVICE CORPORATION

91. 中国煤矿设计咨询公司
Zhōngguó Méikuàng Shèjì Zīxún Gōngsī
CHINA COAL MINING DESIGN & CONSULTA-
TION CORPORATION

92. 中国医药对外经济技术合作总公司
Zhōngguó Yīyào Duìwài Jīngjì Jìshù Hézuò Zǒng-
gōngsī
CHINA ECONOMIC & TECHNICAL COOPERA-
TION OF MEDICINE CORPORATION

93. 中国出口商品基地建设总公司
Zhōngguó Chūkǒu Shāngpǐn Jīdì Jiànshè Zǒnggōngsī
CHINA EXPORT COMMODITY BASE CONST-
RUCTION CORPORATION (HEAD OFFICE)

308

94. 中国外贸咨询与技术服务公司
Zhōngguó Wàimào Zīxún yǔ Jìshù Fúwù Gōngsī
CHINA FOREIGN TRADE CONSULTATION &
TECHNICAL SERVICE CORPORATION

95. 中国水产养殖公司
Zhōngguó Shuǐchǎn Yǎngzhí Gōngsī
CHINA AQUATIC PRODUCTS CULTIVATION
CORPORATION

96. 中国化工建设总公司
Zhōngguó Huàgōng Jiànshè Zǒnggōngsī
CHINA CHEMICAL INDUSTRY CONSTRUC-
TION CORPORATION (HEAD OFFICE)

97. 北京市经济建设总公司
Běijīngshì Jīngjì Jiànshè Zǒnggōngsī
BEIJING ECONOMIC DEVELOPMENT COR-
PORATION (HEAD OFFICE)

98. 上海广告公司
Shànghǎi Guǎnggào Gōngsī
SHANGHAI ADVERTISING CORPORATION